EMMANUEL DES ESSARTS

POÉSIES

PARISIENNES

PARIS

POULET - MALASSIS, ÉDITEUR

97, rue Richelieu

—

1862

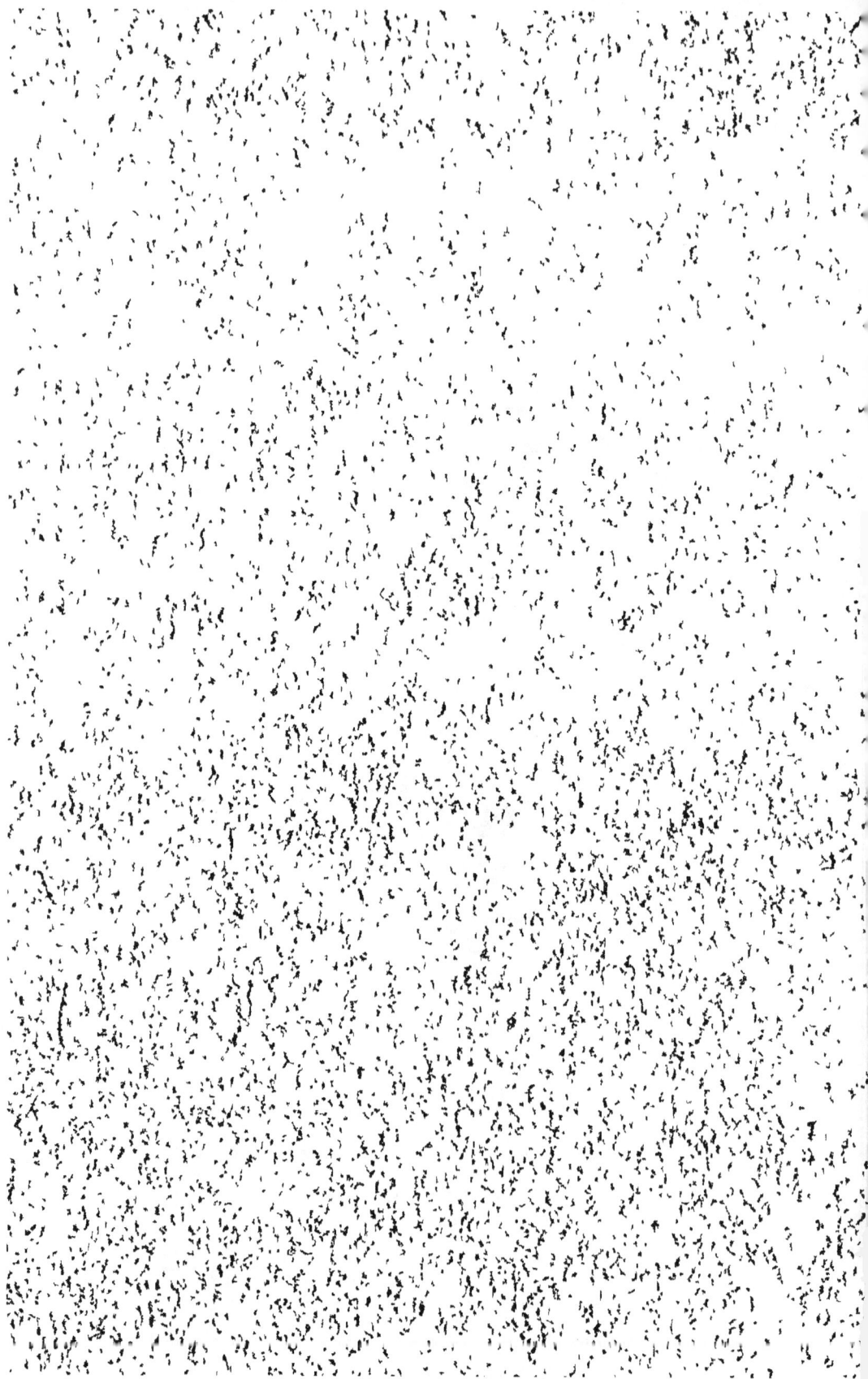

POÉSIES PARISIENNES

11,287 — Abbeville, imp. R. Housse.

C.

EMMANUEL DES ESSARTS

POÉSIES

PARISIENNES

L'idéal des choses vivantes.
PHILOXÈNE BOYER.

Il y a une beauté et un héroïsme
modernes.
CHARLES BEAUDELAIRE.

PARIS

POULET-MALASSIS, ÉDITEUR

97, rue Richelieu, 97

1862
1861

A MON PÈRE

ALFRED DES ESSARTS

FRONTISPICE

LA FORTUNE DE LAZARE

Triolets

A JULES JANIN

De la Seine au Mançanarès,
Les vrais riches sont les Orphées.
Notre nectar vaut le Xérès.
De la Seine au Mançanarès,
Nous avons, pour faire florès,
Des rentes au pays des fées.
De la Seine au Mançanarès,
Les vrais riches sont les Orphées !

Nous avons beaucoup d'actions
Dans le soleil et dans la lune.

1

Au crédit des illusions
Nous avons beaucoup d'actions :
Dividendes de visions...
C'est bien encore une fortune.
Nous avons beaucoup d'actions
Dans le soleil et dans la lune.

Le rêve est notre seul banquier.
Notre Bourse c'est la campagne
Ou la grève de Villequier.
Le rêve est notre seul banquier,
Et notre avoir tient tout entier
Sur les fameux châteaux d'Espagne.
Le rêve est notre seul banquier,
Notre Bourse c'est la campagne.

Fol échanson de nos repas,
L'enfant Amour nous dédommage
Des *reports* que nous n'avons pas.
Fol échanson de nos repas,
Il vient prodiguer sur nos pas
Les billets doux au frais ramage.
Fol échanson de nos repas,
L'enfant Amour nous dédommage.

Nos intérêts sont bien payés
Quand nous plaçons de la tendresse.

Pauvres cœurs trop vite effrayés,
Nos intérêts sont bien payés.
Dans les parcs aux sentiers frayés
Par quelque brune chasseresse,
Nos intérêts sont bien payés
Quand nous plaçons de la tendresse.

Nous avons de bons intendants,
Le Caprice et la Fantaisie.
Toute pomme s'offre à nos dents.
Nous avons de bons intendants.
Ils ouvrent à nos vœux ardents
La mine de la poésie.
Nous avons de bons intendants,
Le Caprice et la Fantaisie.

S'il connaissait notre bonheur,
Rothschild jalouserait Lazare,
Drapé dans son fantasque honneur.
S'il connaissait notre bonheur !
La Muse nous dit : « Monseigneur ! »
Nous passons fiers comme Pizarre.
S'il connaissait notre bonheur,
Rothschild jalouserait Lazare !

Janvier 59

I

I

NUITS D'HIVER

A J....... E.......

Il n'était plus, le temps des rêves sous les chênes,
Des longs rêves bercés par les vagues de l'air ;
Comme un spectre plaintif qui fait sonner ses chaînes,
Dans les noirs carrefours se lamentait l'hiver.
Il n'était plus, le temps des rêves sous les chênes.

Et pourtant nos regards s'égaraient, plus rêveurs,
Près du foyer paisible aux souriantes flammes :
Nos lèvres aspiraient de plus douces saveurs ;
Un soleil inconnu pénétrait dans nos âmes ;
Et nos regards unis s'égaraient plus rêveurs.

Le vieux jardin où tout nous appelait dans l'ombre,
Le jardin qui te vit palpiter à mon bras
Et tant de fois passer étincelante ou sombre,
Nous attendait peut-être et nous pleurait tout bas,
Le vieux jardin où tout nous appelait dans l'ombre.

Le regret est toujours le frère du bonheur.
Parfois nous nous disions sous ces frimas moroses :
« Hiver, tyran jaloux, implacable seigneur,
Qu'as-tu fait de ces nids, qu'as-tu fait de ces roses ? »
Le regret est toujours le frère du bonheur !

Mais les bois sont ouverts à tous comme un théâtre :
L'écho nous y poursuit de son refrain moqueur,
Pourquoi les regretter ? le meilleur nid c'est l'âtre,
Et l'amour fait fleurir des roses dans le cœur.
Les bois sont au profane ouverts comme un théâtre.

Comme ils sont doux et beaux ces chers *intérieurs*,
Où l'artiste introduit une églogue animée !
On y peut s'isoler de tous les bruits railleurs
Et n'écouter tous deux que la parole aimée.
Ils sont calmes et beaux ces chers *intérieurs*.

Soyez les bienvenus, morne Hiver, froid Décembre,
Geôliers discrets, merci de nous emprisonner.

Dans l'étroit horizon d'une petite chambre
Les yeux qui se cherchaient semblent mieux rayonner !
Soyez les bienvenus, morne Hiver, froid Décembre !

Revenez à leur suite, ô songes fabuleux,
Vous l'essaim familier des poétiques veilles,
Avec qui l'on voyage au fond des pays bleus
Où l'espoir a semé ses changeantes merveilles.
Revenez à leur suite, ô songes fabuleux !

Il est doux de songer dans la nuit gémissante ;
Au bruit des vents lointains il est doux de songer.
De voguer en chantant vers la Cythère absente,
De fuir en s'enlaçant sous un ciel étranger.
Il est doux de songer dans la nuit gémissante.

Comme le rêve ailé vole vers l'avenir !
Comme il est emporté par la valse des heures !
Quels airs mélodieux chante le souvenir,
Des airs dont tu souris, dont quelquefois tu pleures...
Comme le rêve ailé vole vers l'avenir !

Tout est apaisement, harmonie et silence.
La voix ne parle plus : c'est comme un chant voilé.
Sur ton sein onduleux ta tête se balance
Avec les longs regards d'un archange exilé.
Tout est apaisement, harmonie et silence.

1.

Vois donc : autour de nous tout est mystérieux ;
Un grillon amical nous fête dans les cendres ;
Peut-être qu'un lutin furtif et curieux
T'admire et te désigne aux vives salamandres.
Vois donc : autour de nous tout est mystérieux

Dans ces cadres pâlis, les mortes langoureuses
Semblent, en répandant leur sourire sur nous,
Envoyer le bonsoir des grandes amoureuses
A la pensive enfant que j'invoque à genoux.
Vois dans ces cadres d'or les mortes langoureuses.

La lampe à ton front blanc jette plus de douceur ;
Et, si quelque motif lent et mélancolique
T'attire, je crois voir au piano, ma sœur,
Se pencher près de toi l'âme de la Musique.
La lampe à ton front blanc jette plus de douceur.

C'est l'instant de choisir un confident poète,
Sainte-Beuve ou Musset, ces blessés frémissants.
Dans l'assoupissement de la ville muette
La lyre laisse mieux entendre ses accents !
C'est l'instant de choisir un confident poète.

C'est l'heure où tout s'oublie, où tout semble mourir,
Hormis l'être adoré dont nous frôle l'haleine.

Les yeux ont un éclair et le cœur un soupir
Où passe l'infini dont notre âme est trop pleine.
C'est l'heure où tout s'oublie, où tout semble mourir.

Nuits d'hiver, nuits d'hiver, sombres enchanteresses,
Vous rapprochez les cœurs que Dieu fit pour s'unir,
Vous avez le secret des intimes tendresses.
Nous qui savons aimer, nous saurons vous bénir,
Nuits d'hiver, nuits d'hiver, sombres enchanteresses !

1859.

II

LE RETOUR DE MIGNONNETTE.

A ALCIDE DUSOLIER.

Juin, par qui tout est rajeuni,
A pris pitié du désuni :
La colombe revient au nid.

Un peu lasse et toujours fidèle,
Elle hésite, elle bat de l'aile...
Entrez sans peur, mademoiselle.

Tout s'égaie à vous recevoir ;
La maison aime à vous revoir :
La chambrette vous dit bonsoir.

Le soleil rit sur la fenêtre,
Et, rien qu'à vous voir apparaître,
Les lilas fanés vont renaître.

Et lui, d'un doux chant coutumier,
Il vous accueille le premier.
N'est-il pas votre cher ramier ?

Vous le savez, enchanteresse...
En vous fêtant, son allégresse
Vous a dit : « Bonjour, ma jeunesse ! »

L'amour, trop longtemps endetté,
Vous doit au moins plus d'un été
D'ardente et de folle gaîté.

Mais, dans votre ivresse certaine,
Fuyez toute chose lointaine !
C'est l'avis du bon La Fontaine.

Cueillez la fraise sans souci ;
Mais n'allez pas plus loin aussi
Qu'Asnière ou que Montmorency.

Adieu donc, ô mer orageuse.
Le nid vous garde, ô voyageuse !
Il se fait temps d'être amoureuse !

1860.

III

MADEMOISELLE MARIANI

A ARSÈNE HOUSSAYE

> La mort aime les roses.
> LUCIANA MARIANI.

I

Lorsque l'oubli nous voile une chère mémoire,
Béni soit le travail de l'artiste pieux !
Il entre aux profondeurs de la nuit la plus noire ;
Il en ramène au jour un type radieux,
Le sculpte avec ferveur dans le marbre ou l'ivoire,
Et la morte d'hier devient la sœur des Dieux.

Ainsi, quand sur ton nom croissait l'herbe ignorée,
Martyre de vingt ans, triste Mariani,
Le poëte nous rend et ta splendeur sacrée,
Et tes regards profonds, miroirs de l'infini :
Et tu nous reparais encor transfigurée,
Symbole d'un amour que le monde a banni !

C'est toi, Luciana ! c'est toi, Vénitienne,
Telle que tu passais dans les parcs allemands,
Lorsque l'illusion, cette musicienne,
Gazouillait dans ton sein ses airs les plus charmants,
Quand ta beauté de vierge et de patricienne
Illuminait le bal de ses rayonnements !

C'est toi, toujours étrange et toujours poétique,
— Pauvre enfant dévouée aux baisers de la mort —
Aujourd'hui la coquette et demain l'extatique,
Riant d'un madrigal et pleurant sur ton sort,
O fille du Soleil et de l'Adriatique
Dont l'âme frissonnait sous les neiges du Nord !

Dans ce vertige ailé d'une éternelle fête,
Dans ces gais tourbillons de la danse et du jeu,
Parfois, comme une brise après une tempête,
Une prière errait sur tes lèvres en feu,
Et jamais au balcon tu ne levais la tête
Sans contempler le ciel et sans y chercher Dieu !

Et tu les maudissais, cette vie insensée,
Ces jours par le plaisir l'un à l'autre liés ;
Vers de calmes Edens s'envolait ta pensée
Loin des bruyants raouts, des galants cavaliers,
Tu te rêvais dans l'ombre heureuse fiancée,
Comme une violette au détour des halliers !

Parmi ces beaux joueurs de tendres comédies,
Aucun ne t'avait prise à son piége obsesseur,
Tes accents étaient purs comme des mélodies ;
Tu marchais simplement dans ta fière douceur,
Et ton ange gardien, dans les nuits attiédies,
Berçait ton sommeil chaste et te disait : « Ma sœur ! »

Un soir, il t'apparut, le dompteur de ton âme ;
Des parfums enivrants dans un air embaumé
Glissaient ; les rossignols chantaient au loin leur gamme !
Ton dédain virginal se sentit désarmé ;
Une ardente langueur mouilla tes yeux de flamme...
— Quand il revint à Bade, Horace était aimé !—

II

Pauvre Luciana, perle de l'Italie,
Ce n'était pas l'amour de ton ciel enchanté,

L'amour voilé d'extase et de mélancolie ;
Le vol aventureux de ton aile affaiblie
T'emportait au-dessus de la réalité.

Il te fallait, à toi, l'ardeur qui s'éternise,
La sainte passion des héros exilés;
Sous les coupoles d'or de ta chère Venise,
Cet amour envié du ciel, qui divinise
Deux cœurs dans une ivresse ineffable mêlés!

Ce poëte inconnu, comme il t'aurait aimée !
Comme il eût prodigué les fleurs sur ton chemin !
Tu vivrais dans ses bras, ô pauvre inanimée :
Il suspendrait sa vie à ta lèvre enflammée,
Son âme sur ta bouche et sa main dans ta main !

Eperdus, enivrés, sans dire une parole,
Vous vous contempleriez, ô beaux silencieux !
Il noirait ses regards dans tes regards d'idole,
Tandis que sur les eaux glisserait la gondole...
Et de vagues chansons flotteraient dans les cieux !

Non, ce n'est pas l'amour langoureux et mystique,
Cet amour de Paris, séducteur élégant,
Qui, né dans une valse au son de la musique,
Brise nonchalamment un cœur mélancolique
Dont il rira demain au boulevard de Gand !

Horace, elle t'aimait... Pourquoi l'as-tu souillée,
Cette rose de mai, qui s'ouvrait au bonheur,
Dans son calice ému doucement repliée ?
Pourquoi Luciana s'est-elle réveillée,
La fièvre dans les sens et pleurant son honneur?

O bal de l'Opéra, qui dans tes bacchanales
Egara les parfums de ce lys transplanté !
Comment avez-vous vu, courtisanes banales,
Dons Juans de contrebande et chasseurs de scandales,
Passer cette innocence et cette pureté !

Pourtant elle t'aimait, cette amante blessée,
Elle t'aimait, Horace ! et tu pus croire un jour,
Oubliant sans remords la tendre délaissée,
Qu'on marche impunément à l'orgie insensée,
Quand on porte à son front un baptême d'amour !

III

Dans les mornes taillis, parfois la tourterelle,
Quand son ramier sanglant palpite devant elle,
Lui chante ses adieux dans un dernier soupir,
Et, languissante, aux traits des archers vient s'offrir;
Ainsi Luciana pleura sur l'infidèle,
Et, n'étant plus aimée, elle voulut mourir !

Mais l'enfant du Midi, la fière créature
Sentit se révolter son amour frémissant,
Une voix lui disait de venger sa torture
Et, devant son bourreau hagard et gémissant,
De porter à son cœur la suprême blessure
Pour laisser à l'ingrat la marque de son sang.

C'est un salon banal, hanté du demi-monde.
Près de la brune Alcine ou de la Circé blonde,
Le gentilhomme oisif et l'aigrefin honni
Autour des lansquenets sans pudeur se coudoient.
Une femme inconnue et dont les yeux flamboient
Cause à l'écart — hélas ! c'est toi, Mariani !

Quant Horace la vit au milieu de l'orgie,
Il sentit défaillir toute son énergie.
Elle lui dit adieu, le poignard dans le cœur.
Il demandait pardon à sa chère divine.
Elle lui découvrit le sang de sa poitrine ,
Puis elle tomba morte aux pieds de son vainqueur.

Mais, dans un dernier cri de l'âme fugitive,
Elle avait au cruel dit : « Tu me reverras ! »
Et quand minuit sonnait, heure triste et craintive,
Horace tressaillait au doux bruit de ses pas ;
Il la voyait entrer, toujours belle et plaintive ;
Et, fou de repentir, il lui tendait les bras.

Oui c'était elle encor, la morte idolâtrée ;
Son regard magnétique et clair comme un flambeau
Torturait lentement cette âme déchirée.
Chaque nuit arrachait à ce cœur un lambeau,
Il suppliait en vain l'Euménide adorée...
Elle ne le quitta qu'au seuil de son tombeau !

IV

O poëte, merci pour ces apothéoses
De la Beauté divine et de la Passion !
Harmonieux amant des marbres et des roses,
Heûreux qui t'a suivi dans ton ascension !

Près de Graziella, de Mignon, d'Ophélie
Rayonne l'idéal de ta Luciana ;
Et, fidèle à ce Dieu que la jeunesse oublie,
Tu chantes à l'Amour un suprême hosanna !

IV

LE DÉLAISSÉ

A HENRY DE BORNIER

Il a donc replié son aile,
Ce songe d'un jour amoureux;
Et, comme un ramier infidèle,
Il a fui vers un plus heureux.
Il a donc replié son aile.

Il a passé vite en charmant
Mon âme au paradis ravie;
Mais une ombre, mais un moment,
C'est peu pour qui voulait la vie!...
O rêve perfide et charmant!

2

Son éternité fut d'une heure :
Le pauvre amour enseveli !
Et, dans la bière intérieure,
Il a pour linceul ton oubli.
Son éternité fut d'une heure.

Mais mon souvenir pleurera
Sur cette tombe délaissée ;
Sur cette tombe où coulera
Le sang de mon âme blessée
Mon souvenir sanglotera.

Faux ange à l'auréole blonde,
Je croyais à ta loyauté :
Mais, aussi mobile que l'onde,
Tu n'avais donc que la beauté,
Faux ange à l'auréole blonde.

Ce regard était donc moqueur
Qui me guettait à mon passage ;
Et les battements de ton cœur
Ne soulevaient que ton corsage.
Ce regard était donc moqueur !

Je l'aime encor et lui pardonne
A cette sœur des Dalilas.

Elle me raille et m'abandonne.
Mais, ô printemps, soleil, lilas,
En votre nom je lui pardonne !

1859.

V

L'IDYLLE SUR LE QUAI

A J.. E,...

Le matin est charmant, mais la nuit est plus belle ;
Plus céleste est l'amour dans l'éther attiédi :
Sous les frissons du soir l'âme ouvre mieux son aile
Que sous l'ardent manteau que lui jette midi.

Elle était près de moi, la chère, la divine,
Les yeux baissés, le cœur plein de recueillement,
Tandis que j'écoutais le vague battement
De son sein langoureux que ma lèvre devine,
Son sein qui tressaillait au bras du mieux aimant.

Pourtant ce n'était point dans ces forêts chéries,
Fantastiques palais de Mab et d'Ariel,
Où se glisse parmi les nocturnes féeries
L'amour furtif, l'amour presque immatériel.

Nous marchions au hasard, perdus parmi la foule.
L'âme sait se créer un désert au milieu
De tout ce flot banal qui bruyamment s'écoule...
Ainsi deux alcyons voltigent dans la houle!
Ainsi deux astres d'or flottent dans le ciel bleu!

Et moi je regardais son ombrelle ou sa bague.
Mais Paris déroulait ses quais devant nos yeux,
Et la Seine mêlait sa plainte lente et vague
Au paisible concert des bruits silencieux.

La cité calme avait des pompes grandioses.
Et les voix de la nuit s'élevaient comme un chœur.
Tout semblait pacifique et rien n'était moqueur.
J'effeuillais ces moments heureux comme des roses
Dont le parfum suffit pour enivrer le cœur!

Et je m'écriais : « Nuit, tu vois comme je l'aime!
O mère de l'oubli, berceuse des douleurs,
Dis-moi, puis-je espérer la volupté suprême
D'aspirer son sourire et de boire ses pleurs?

« Sous le pieux abri de tes voiles mystiques,
Prodigue-nous encor ces bonheurs poétiques,
Puisque nous t'invoquons, ô grande sœur du jour,
Puisque nous te chantons le plus pur des cantiques,
Puisque nous te rendons le culte de l'amour ! »

Et la lune sourit à sa beauté songeuse ;
Et je sentis — penseur que son rêve séduit —
Descendre lentement sur ma tête orageuse
La bénédiction sereine de la Nuit !

Août 59.

VI

A VALENTINE

Comme en Orient, pauvres fleurs,
O cher Selam, allez lui dire
Que je vous baignai de mes pleurs
Et vous dorai de mon sourire;

Qu'en dépit du monde moqueur,
D'espoir vous ayant nuancées,
J'ai mêlé, comme dans mon cœur,
L'héliotrope et les pensées.

Dans cet assemblage coquet
Il court une invisible flamme;
Et si vous sentez ce bouquet
Vous y respirerez mon âme.

1857.

LE REPENTIR DE PAUL

A EMILE ET ANTONY DESCHAMPS

I

En vain mes souvenirs murmurent comme un chœur
Votre nom que sans cesse évoque ma pensée,
Je ne puis oublier que je vous ai blessée,
Que ma flèche est toujours saignante à votre cœur.

Dans tous les bruits je crois entendre sonner l'heure
Où, captifs enivrés d'un songe évanoui,
Pour la première fois, mes yeux vous ont trahi,
Et quand minuit revient je soupire et je pleure.

Pourtant je vous aimais avec ravissement,
Ebloui par l'éclair de vos moindres paroles,
Et je rêvais tout bas dans mes visions folles
Ces heures où l'époux est encor un amant.

Quand, une nuit d'hiver, devant moi cette femme
Passa : ses yeux brillaient ainsi que deux volcans,
Et, dardés sur moi seul, ses regards provoquants
Au fond de ma poitrine allaient chercher mon âme.

Et toujours ces regards, au milieu des valseurs,
Plus ardents que les yeux des louves d'Hyrcanie,
Enveloppaient mon front d'une effluve infinie.
Vous lanciez le vertige, ô rayons obsesseurs !

L'Amour, fatal archer, aveugle ceux qu'il tue !
A suivre ce regard se sentant condamné,
Mon désir inquiet, hâtif, éperonné,
Courait vers cette étrange et superbe statue.

Elle me dit : « Venez. » Et moi je la revis ;
Et mon cœur bondissant me conduisait chez elle.
Dans ces soirs de janvier, qu'elle me semblait belle !
L'oubli voluptueux berçait mes sens ravis.

Elle me dit : « Aimez ! » Jamais l'ardente arène
N'a repoussé les flots d'azur : les voyageurs

Marchent droit à la source : il est peu de nageurs
Qui ne s'attardent point au chant de la sirène.

Les absents, dans le cœur, sont-ils, comme des morts,
Endormis à jamais dans une sépulture?
Près d'elle j'oubliais ma secrète torture,
Et son premier baiser fit taire mes remords.

Demandez à l'oiseau que le serpent fascine
S'il veut, pour se plonger dans le gouffre vivant,
Renoncer à son nid balancé par le vent
Où chaque nuit lui garde une fête divine.

Vers l'amour, vers la vie il voudrait s'envoler;
Mais l'aimant du regard fixe et retient ses ailes.
Sous l'immobile attrait des perfides prunelles,
Il va chercher la mort qui semble l'appeler.

II

Si je vous ai trahie, oh! vous êtes vengée!
J'ai vu sous les frissons d'un glacial dédain
Mes rêves de bonheur s'évanouir soudain,
Mon ardeur généreuse à toute heure outragée.

Souffletant ma chimère et mes convictions,
Cette main, que Vénus pour ses jeux a moulée,
Arrachait de mon cœur l'espérance exilée
Et dispersait l'essaim de mes illusions.

Et dans les abandons du plus fougueux délire,
Je ne pus en parlant de foi, de liberté,
De poésie ailée et d'immortalité,
Dans ce beau corps banal éveiller une lyre.

Vous fûtes bien vengée ! hélas ! j'ai tant souffert.
Les mots sombres que jette au cœur la jalousie
Changèrent en accords vibrants de frénésie
De mes vingt ans rêveurs le céleste concert.

J'ai tant souffert ! j'ai vu l'horrible maladie
Corrompre cette folle et fragile beauté,
Des contours florissants ternir le velouté
Et de ses longs regards éteindre l'incendie.

Je n'abandonnai pas ses plus affreux tourments
Et je les ai chéris tout autant que ses charmes.
J'ai scruté sa souffrance et j'ai compté mes larmes :
J'eus tous les désespoirs, j'eus tous les dévouements.

Comme un prêtre toujours fidèle à son idole,
Loin des champs où midi flamboyant s'élevait,
Je veillais attentif et doux à son chevet,
Frère de charité qui sourit et console.

J'ai subi vaillamment, sans me croire un martyr,
Tous ses emportements et ses cruels caprices.
O blessures du cœur, j'aimais vos cicatrices,
Je restais! mais un jour il me fallut partir.

Le parjure maudit appelle le parjure...
Et pourtant, ô Seigneur, vous m'avez trop puni.
Me fallait-il, pareil au Juif-Errant banni,
Epuiser la douleur et savourer l'injure ?

Et vous... je ne veux pas implorer mon pardon.
Malgré mon repentir j'en suis toujours indigne,
A vos pieds j'ai voulu chanter le chant du cygne.
C'est un cri de douleur, mais un cri d'abandon.

Je vous bénis toujours, je vous admire encore !
Mais le cratère éteint ne peut se rallumer :
Vous ne m'aimeriez plus, je ne puis vous aimer;
Vous seriez Bettina, mais vous n'êtes plus Laure.

O le plus regretté des rêves disparus !
Ne me pardonnez pas... il est trop tard, cher ange,
De l'oubli lâche et vil c'est l'oubli qui se venge,
Les roses de l'amour ne refleurissent plus !

60.

VIII

APRÈS L'AMOUR

A C... DE LA H...

Lorsque le voyageur quitte une île amoureuse
Où d'inconnus parfums l'ont bercé jusqu'au soir,
Doutant d'y retrouver la même ivresse heureuse,
Il dit, en poursuivant sa course aventureuse :
    « Non ! je ne veux plus te revoir ! »

II

Ainsi l'hiver fantasque à Paris te ramène,
Toi qui fus mon amour, toi qui fus mon espoir.

Un an — et c'est beaucoup dans l'existence humaine —
Mon cœur fut ton palais, mon cœur fut ton domaine.
    Non! je ne veux plus te revoir!

III

Je sais que ta beauté rayonne encore telle
Que mon fier souvenir la peint sur son miroir :
Le temps ne t'a rien pris de ta forme immortelle
Qui sur un piédestal eût ravi Praxitèle.
    Non! je ne veux plus te revoir!

IV

Je sais que ton esprit, dont s'enchantaient les fêtes,
Sur le monde affolé conserve son pouvoir.
O charmeuse de rois, dompteuse de poètes,
Tu vas indifférente au milieu des conquêtes.
    Non! je ne veux plus te revoir !

V

Je sais que, plus que moi, dans ces heures clémentes
Où le passé trompeur se plaît à décevoir,
Tu te laisses ravir vers nos saisons aimantes,
Que mon nom rit souvent sur tes lèvres charmantes.
    Non! je ne veux plus te revoir!

VI

Un chant intérieur m'annonce qu'elle m'aime,
Et je crains de l'aimer, et je crains de vouloir,
Avec toi, sans chercher si je suis bien le même,
Recommencer la vie après l'adieu suprême.
        Non ! je ne veux plus te revoir !

VII

Mais suis-je encor l'enfant aux surprises candides?
Es-tu la jeune femme à l'ardent nonchaloir?
Mes baisers sur ton front soupçonneraient des rides,
Ta foi se heurterait à mes doutes arides.
        Non ! je ne veux plus te revoir !

VIII

Pauvres êtres d'un jour, mortelles créatures,
Quand trois ans ont roulé, comme un flot sombre et noir,
Qui de nous sait encor quelles sont nos natures ?
Hier n'est plus qu'un songe aux vagues aventures,
        Non ! je ne veux plus te revoir !

IX

Nos seuls cœurs rapprochés sauraient se reconnaître
A leur large blessure, œuvre du désespoir.

Le sang qui jaillirait les effrairait peut-être,
De l'amour rajeuni la haine pourrait naître.
            « Non ! je ne veux plus te revoir ! »

                        X

Lorsque le voyageur quitte une île amoureuse
Où d'inconnus parfums l'ont bercé jusqu'au soir,
Doutant d'y retrouver la même ivresse heureuse,
Il dit, en poursuivant sa course aventureuse :
            « Non ! je ne veux plus te revoir ! »

Janvier 61.

IX

LA SECONDE ENFANCE

A J... E...

Que notre orgueil est fou ! toujours il se défend.
Si tout bas tu me dis avec tendresse : « Enfant ! »
Quand, par cette parole aux douceurs maternelles,
Tu sembles déployer sur mon âme tes ailes,
Et, comme un jeune oiseau de sa route lassé,
Réchauffer sur ton sein mon pauvre cœur glacé.
Et voilà nos griefs ! Injustes que nous sommes !
Il nous paraît si beau de nous croire des hommes,
Que nous nous irritons si, pour un seul moment,
Ce caprice adoré nous rend un nom charmant.
Cette taquinerie ineffable nous blesse ;
On dirait que l'on veut railler notre faiblesse

3.

Et nous humilier par un brusque détour,
Comme si la pitié n'était pas de l'amour !

Non ! tu le sais, au son de ces tendres syllabes,
Tu vois toujours, pareils à des chevaux arabes
Qui troublent le désert de leurs bonds haletants,
Piaffer, caracoler, se cabrer mes vingt ans.
Ma jeunesse s'émeut irritée et rebelle
Et ta beauté déjà me semble un peu moins belle !
Et pourquoi ? pour un mot qui ressuscite en nous
Le souvenir du temps où l'on prie à genoux,
Qui de son vol léger nous reporte à cet âge
Où la plus grande joie est d'avoir été sage,
Où le rire sonore éclate pour un rien,
Où l'on parle si mal en gazouillant si bien !...
N'importe ! Elle m'a dit : « Enfant ! » Je suis morose,
Tout comme un papillon blessé par une rose.

Quand tu me vois ainsi, fantasque révolté,
Oublier et ta grâce et ta douce beauté,
Que ne me réponds-tu : « Votre chagrin persiste,
Ami, pauvre insensé que son bonheur fait triste.
Vous ne comprenez pas que, par l'amour béni,
Le plus jeune des cœurs est encor rajeuni ;
Que cet amour vient rendre au rêveur qui devine,
Une seconde enfance, idéale, divine,
Une enfance où l'on croit aussi naïvement,

Où l'amante se fait un fils de son amant.
En vain vous protestez en paroles amères,
Vous êtes nos enfants et nous sommes vos mères !
Nous avons, pour les jours brillants et glorieux,
Le sourire enivrant qui vous transforme en dieux ;
Et pour les jours de deuil ou pour les nuits d'alarmes,
Le sourire pieux qui fait sécher les larmes,
Nous berçons mollement vos songes embrasés,
Votre pensée éclôt sous un de nos baisers ;
Et, comme avec Adam le Créateur fit Eve,
C'est en prenant nos traits que surgit votre rêve !
Nous prêtons notre vie au marbre, et le crayon
Fait dans chaque portrait passer notre rayon !
Que de fois, tu le sais, ô songeur, ô poète,
J'ai réveillé ta lyre assoupie et muette,
Et j'ai, pour t'inspirer un chant toujours vainqueur,
Ouvert sous mes regards les sources de ton cœur !
Et moi que, bien souvent, tu nommas Béatrice,
Moi ta consolatrice et ton inspiratrice,
Moi pour qui ta tristesse est un poids étouffant,
Tu ne me permets pas de t'appeler enfant ! »

Ah ! si tu me disais de ces paroles saintes
Qui feraient pour jamais s'évanouir mes plaintes,
Pensif et repentant je m'agenouillerais
Et, le cœur inondé d'amour, je bénirais
Le Dieu qui prévoyant nos destins éphémères
Comme pour deux berceaux nous a donné deux mères !

Mon âme monterait sur ta bouche, et joyeux,
—Cependant que des pleurs souriraient dans mes yeux —
Je te dirais, perdu dans les bonheurs suprêmes :
« Tu m'as aussi créé, puisque c'est toi qui m'aimes ! »

Septembre 59.

X

A CHRISTINE

Le temps, comme un geôlier moqueur,
Tient captifs mes élans rebelles;
L'oiseleur a coupé mes ailes,
La neige tombe sur mon cœur !

J'étais si content, si vainqueur :
Les gaîtés m'étaient si fidèles ;
Mes dix-huit ans chantaient en chœur
De si joyeuses ritournelles.

Trois ans se sont passés, hélas !
Tous mes rêves, pauvres lilas,
Se faneraient aux vents des proses

Si votre idéale amitié,
Dans mon jardin vide à moitié,
Ne faisait refleurir des roses.

61.

II

I

SOUPER.

A GASTON DE SAINT-VALRY

Dans les soupers les plus charmants
Où tout est fleurs et diamants,
    Tout à la ronde,
Et lumière et grâce et beauté,
Charme du monde ou liberté
    Du demi-monde ;

Quand sur les pianos lointains
Expirent en sons incertains
    Les valses lentes ;
Et qu'en partant, le cotillon
Disperse votre tourbillon,
    Fêtes galantes ;

A ce bon moment de la nuit
Où notre être s'épanouit
      Dans l'air intime,
Où vogue au hasard l'entretien
Comme un navire aérien
      De cime en cime ;

A cette heure aimante où l'esprit
Etincelle, où l'œil s'attendrit,
      Où, plus facile,
Le rire aux voltigeants ébats
Te laisse gazouiller tout bas,
      Amour docile !

J'ai cru souvent, j'ai cru jadis
Aborder dans un paradis
      Qui nous délivre ;
Poète, causeur, amoureux,
Je me suis senti bien heureux,
      Heureux de vivre.

J'ai vu que l'esprit des aïeux
Narguait encor de mieux en mieux
      L'humeur bourgeoise,
Et qu'on trouvait sous les volants
De mainte femme de trente ans
      Une Gauloise !....

Mais, ô mes amis, dites-moi,
Vous qui savez mon cœur, pourquoi,
    Quand j'abandonne
Ma vie à ce rare loisir
Du plus romanesque plaisir
    Que Paris donne,

Quand j'aspire avec volupté
Et ce luxe et cette gaîté,
    L'âme enflammée,
Et que mon regard affermi
Peut se reposer sur l'ami
    Et sur l'aimée ;

Parmi ces rires et ces voix
Me direz-vous pourquoi je vois
    Toujours fidèle,
Une femme, mon seul effroi,
Immobile à côté de moi,
    Parfois près d'Elle !

Sombre comme un autre Banquo,
Et sans prendre garde à l'écho
    Mutin des verres,
Elle fixe cruellement
Sur mes yeux pleins d'enchantement
    Ses yeux sévères.

Si, pour plaire à deux *chroniqueurs*,
A des mots coquets ou moqueurs
       Je me hasarde,
Comme pour me crier : holà !
La persécutrice, elle est là
       Qui me regarde.

Elle est là jusqu'au lendemain :
Elle vient me prendre la main,
       Froide compagne,
Glace d'un baiser mes couleurs,
Et laisse se risquer ses pleurs
       Dans mon champagne.

Elle me parle en sanglotant
Des absentes que j'aimais tant,
       De mes reliques,
Et mêle aux aimables chansons
Des refrains de deuil et des sons
       Mélancoliques.

Elle fait à coups de rayons
La guerre à mes illusions
       Folles ou sages,
Et se plaît à me montrer l'art
Dans le naturel ou le fard
       Sur les visages.

Et je résiste vainément
Au perfide ensorcellement
        Qui vous énerve,
Et qui dans mon cœur agité
Epuise avec férocité
        Les flots de verve.

Insensible au bruit tentateur
Je ne suis plus qu'un spectateur
        Las et morose,
Et qui guette impatiemment,
Sur le ténébreux firmament,
        Un doigt de rose.

Mais, ô toi ! je te reconnais,
Démon nocturne qui me hais,
        Sinistre altesse,
Stryge assidue à mes repas,
Ombre qui harcèles mes pas,
        C'est toi, Tristesse !

Février 61.

LA DANSE IDÉALE

A MADAME ANTOINETTE D.... DE S.. .

I

Souvenir, souvenir, tu me dis qu'elle est belle...
Ai-je rien oublié de ce soir bienheureux ?
Et cette nonchalance au charme langoureux ;
Et ces longs cils frangés d'une fine dentelle ;
Et cette majesté d'une jeune immortelle
Qui, de son pied vainqueur, presse un flot amoureux ?

Je n'ai pas oublié la grâce impérieuse
De ses poses que règle un art intelligent ;
Je n'ai pas oublié sa voix mélodieuse,
Plus suave à nos cœurs que la source d'argent,

Que l'odorant zéphir qui frémit sous l'yeuse,
Ou qu'un chant d'alcyon sur la mer voltigeant.

O sourire de pourpre, indulgent, sympathique,
Je te revois; regards à l'attrait magnétique,
Vous me faites vibrer comme un autre Memnon ;
Je redis les accords magiques de son nom...
Que n'étais-je sculpteur sous le soleil attique,
Pour fixer ce beau rêve aux murs du Parthénon !

La musique égrenait les strettes et les trilles
Pendant que mon esprit s'attardait en chemin ;
Et bientôt le galant appel des gais quadrilles
Groupa les fleurs au front de sveltes jeunes filles,
Qui, d'un rire naïf abandonnant leur main,
Cherchaient dans le plaisir l'oubli du lendemain.

II

Un peu moins que les vers toujours j'aimai la danse,
Voyage d'un moment vers un pays meilleur !
Un sage me l'a dit tout bas en confidence :
« Ne vous y trompez pas, c'est l'âme qui s'élance
Et le corps obéit au maître intérieur. »

Un invisible rhythme entraîne tous les mondes ;
Tout se mêle ici-bas au vaste tournoîment,
Le fantasque Océan, les feuilles vagabondes ;
J'ai vu les vents du soir et les étoiles blondes
Valser dans l'infini sur un air allemand.

Il suit le mouvement des sphères éternelles,
Celui qui, s'enlaçant comme dans un réseau,
Glisse avec des langueurs tendres ou solennelles,
Ses pieds ont disparu pour se changer en ailes...
Il n'a qu'à s'élancer dans l'air... il est oiseau !

En vain pour m'attirer gazouillait la cadence.
Ce soir-là j'aimais mieux ma contemplation,
Et, dans une joyeuse et sereine indolence,
Je me sentais heureux d'admirer en silence
La grâce féminine et la perfection.

On me mena vers elle et bientôt nous causâmes,
Ainsi que deux ramiers qui, dans l'immensité,
Se rencontrent, surpris sous l'horizon en flammes.
On eût dit à nous voir que nos yeux et nos âmes
S'étaient connus jadis dans un monde enchanté.

Je l'écoutais toujours lorsque j'osai lui dire :
« N'aimez-vous pas cet air? on l'aimerait aux cieux,
La mazurke est la danse où le rêve s'inspire.

4

Seule elle a le secret du mystique délire ;
C'est l'entrelacement le plus silencieux.

« Mais, ô songe insensé d'enfant mélancolique,
Si, daignant avec moi vous mêler à ce chœur,
Vous laissiez votre pas à mon pas sympathique
S'unir, la poésie et la sainte musique
D'une fête éternelle enchanteraient mon cœur.

« Si j'emportais d'ici, pour embaumer ma vie,
Ce souvenir plus frais qu'un lilas printanier ;
Si vers des cieux voilés mon extase ravie
Retrouvait le bonheur que l'âme humaine envie,
Je serais bien moins seul et bien moins prisonnier ! »

J'attendais, plus tremblant que les pâles victimes.
Elle eut dans ses regards un céleste rayon
Et se leva, pareille à la neige des cimes ;
Sa main fit tressaillir la mienne et nous partîmes...
Je croyais m'élancer vers une ascension !

III

O Danse, ineffable mystère,
Secret d'initié que le rêveur doit taire
Devant le profane vulgaire.

Dans les monts andaloux, comme aux champs du Tyrol,
　　　Essor des corps qui dans leur vol
Se détachent du corps en s'élevant du sol.

　　　Avec la sveltesse des cygnes,
Noble, elle se penchait comme les jeunes vignes,
　　　Sans troubler l'accord de ses lignes.

Et parmi les danseurs étonnés nous passions,
　　　Légers comme les papillons
Ou comme l'alouette en rasant les sillons.

　　　On aurait dit deux hirondelles,
Deux chérubins unis, deux étoiles fidèles :
　　　Tant nous allions à tire d'ailes !

Comme sur du velours, docile elle glissait
　　　Sur le parquet qui frémissait;
On aurait dit vraiment une fleur qui dansait.

　　　N'était-ce pas une déesse
Qui des nymphes jadis sous l'azur de la Grèce
　　　Conduisait la douce allégresse?

Tant ses pas imposants dans leur légèreté,
　　　Conservaient pour l'œil enchanté
De calme rayonnant et de sérénité.

O souvenir qui me domine !
Furtive vision que l'extase devine !
C'était la Mazurke divine !

Parfois mes longs regards dans les siens confondus
S'arrêtaient, troublés, éperdus ;
Car j'avais vu s'ouvrir des paradis perdus ;

Et, dans la grâce sans rivale
D'une Psyché chrétienne à la splendeur royale,
Contemplé la Danse idéale !

Avril 60.

III

L'ÉTERNEL GULLIVER

A AUGUSTE VACQUERIE

Dans son libre printemps comme dans son hiver,
L'homme est, sans le savoir, un autre Gulliver.
Comme l'aventurier en quête de merveilles
Qui fermait au réel ses yeux et ses oreilles,
Il prend l'Illusion pour guide, sans songer
Qu'il se crée à lui-même un monde mensonger.
Tout se révèle à lui dans un prisme factice :
Tantôt il agrandit, tantôt il rapetisse,
Pour ne voir tour à tour dans les mêmes humains
Que superbes géants ou misérables nains.
C'est Brodingnac qui luit à son âme ravie;
Plus tard c'est Lilliput : ce n'est jamais la vie !

4.

Jeune, et jetant aux airs tous ses défis puissants,
Ivre d'épanouir son esprit et ses sens,
S'avançant en César aux bras de l'Espérance,
Au siècle de Balzac comme au temps de Térence,
Il promène partout des yeux plus enivrés
Que les regards surpris des captifs délivrés.
On dirait qu'il renferme, en ses vagues prunelles,
Un éblouissement de fêtes éternelles :
Tout est enchantement, tout est bonheur pour lui ;
Demain doit lui payer les dettes d'aujourd'hui.
L'avenir apparaît comme un palais de fées
Où fleurit le laurier, où vibrent les trophées :
Le présent, c'est l'auberge où l'on soupe en passant,
Mais une auberge encor qu'il s'en va bénissant.
Au fatal désespoir, il dit : Tais-toi, démence !
Car il se croit jeté sur un théâtre immense,
Débutant au milieu d'héroïques acteurs,
Qui troublent nos pensers comme des tentateurs.
Aux yeux de cet enfant qui rêve apothéoses,
L'existence est un drame aux scènes grandioses,
Où la Réalité, mêlée à l'Idéal,
Accomplit dans ses jeux la défaite du Mal.
Tous les ambitieux lui paraissent austères,
Dévoués à l'État bien plus qu'aux ministères.
Il baptise Marco du surnom de Philis ;
Pour deux camélias il compterait vingt lis,
Et cherche une Marcelle au fond du demi-monde,
Comme un plongeur poursuit une perle dans l'onde.
Un bal peuplé de sots, de boursiers, de marquis,

Ouvre à sa rêverie un Alhambra conquis.
Il prodigue les mots de divin, de splendide ;
La vierge rougissante est une Ève candide.
L'amour ne lui promet qu'un long enivrement
Sans blessures à l'âme et sans déchirement ;
La Guerre, aigle farouche, en déployant ses ailes,
Lui semble rapprocher des races fraternelles ;
Le Génie en luttant monte à son piédestal ;
L'oubli n'est qu'un vain mot et l'or n'est qu'un métal,
Et tout est merveilleux, et tout est gigantesque
Sur ce vaste horizon que l'homme peint à fresque.

Vieux, et tout renversé par les coups du Destin
Qui livre aux plus heureux un assaut clandestin,
Lassé de déployer de vaines énergies,
Blasé sur les vertus comme sur les orgies,
Il promène à l'entour des yeux indifférents,
Des yeux où sont éteints les rayons dévorants
Et qui semblent formés d'une étrange structure,
Pour ne voir que l'atome et la miniature.
Partout il n'aperçoit que des pièges du sort.
Demain, ce n'est qu'un pas au chemin de la mort ;
L'avenir apparaît dans ses profondeurs sombres,
Comme le seuil d'un antre où se pressent des ombres.
Le présent, c'est le bagne où, forçat gémissant,
Il compte ses frissons et ses sueurs de sang.
Il a crié : Mensonge ! à l'Espérance sainte ;
Il se croit étouffé dans une étroite enceinte,

Sur un théâtre pauvre, obscur et sans rayons,
Comparse errant parmi de chétifs histrions.
Aux yeux de ce vieillard qui s'exaltait naguère,
La vie est une farce insensée et vulgaire
Où rêves impuissants, basses réalités,
Tournent confusément dans de vagues cités.
L'indomptable tribun, le chercheur d'utopies,
Ne sont que des brouillons ou que des fous impies.
Le grand homme admiré se transforme en faquin ;
Où l'on cherchait Alceste on rencontre Arlequin !
Il jette l'anathème aux moindres amourettes ;
Il mettrait à l'index jusqu'au nom des lorettes ;
Il aurait condamné madame Bovary
Et sifflé le premier le pauvre Guillery.
Hélas ! il n'irait plus sous les brunes charmilles
Épier les regards des chastes jeunes filles.
O sainte Passion ! il t'a chassée un jour ;
Il croit aux voluptés en reniant l'amour !
Et pourtant sur la route il est toujours des femmes
Dont les yeux sont moins beaux que leurs divines âmes.
Jadis il eût suivi l'Idéal dévoilé :
Mais il a trop souffert pour être consolé...
Son cœur ne bondit plus au départ des armées
Qui volent à l'appel des races opprimées ;
Le poète inspiré n'est qu'une tête en feu ;
L'oubli c'est un arrêt fatal, l'or c'est un Dieu ;
Et les flammes ainsi se changent en fumées,
Et les géants d'hier ne sont plus que pygmées !

IV

A PAUL JUILLERAT

Il est riche et toujours harcelé par l'argent :
Devant sa porte attend la fortune obstinée;
L'or coule en son hôtel la grasse matinée;
Le lansquenet le sert en flatteur diligent.

Il prête au sort aveugle un vol intelligent :
Sous ses pas le caillou se transforme en guinée;
Son caprice asservit la Bourse mutinée;
Ses vaisseaux à coup sûr risquent le flot changeant.

Le blason lui survient sans qu'on s'en formalise.
S'il a peu de devoirs, il se sait tous les droits,
Bien avec le théâtre et mieux avec l'Eglise.

Prosternements des grands et caresses des rois,
Encensoir du poète et baisers de la femme,
Il a tout ce qu'on *gagne* au monde... A-t-il une âme?

61.

V

PREMIER ROMAN

Reine, dont les sujets se comptent par milliers,
Parfois dans les grands bals vous souvient-il, Aline,
De l'amour enfantin, de l'églogue câline,
Des propos confiants et des jeux familiers ?

Que nous étions naïfs, les pauvres écoliers !
Eh quoi! pour tout miroir la source cristalline,
Je n'avais pas de stick, ni vous de crinoline...
Mais que nos cœurs battaient au détour des halliers !

Notre tendresse était si chaste et si bénie,
Notre regard si pur, notre front si penché
Qu'on eût dit Chérubin amoureux de Psyché.

Ah ! tu m'émeus encor, idylle rajeunie,
Et vous-même en songeant à ces charmants ébats,
Si vous riez tout haut, vous pleurerez tout bas.

53.

VI

A MADAME LA PRINCESSE DE SOLMS

O mes regrets ! volez vers la noble applaudie,
A travers les bouquets, au-dessus des encens ;
Dites-lui la disgrâce et l'ennui des absents
Qu'invita vainement la svelte Comédie.

Que de trésors perdus et de ceux qu'on mendie,
Accueil princier, plaisirs choisis, rhythmes dansants,
Un dialogue antique aux modernes accents,
Tout ce que l'élégance à la grâce dédie.

Et surtout, au milieu du proverbe païen,
L'idéale Lydie au jeu patricien,
Pur éblouissement des poètes fidèles.

Hélas ! j'étais bien loin, mais, sans doute, à l'écart
Mon âme s'enivrait d'enchantement et d'art :
Car le rêve a des yeux et la muse a des ailes.

61.

VII

FRIVOLITÉS

Rondeau redoublé

A ERNEST SELIGMANN

Petit chapeau de velours azuline,
Bleu bavolet que double un blanc satin,
Pouff de rubans où la rose s'incline,
Charme léger de ce beau front mutin !

C'est votre gloire et c'est votre destin
De courtiser une tête câline
Qui se balance au vent comme un lutin,
Petit chapeau de velours azuline.

Me diras-tu les secrets de Céline
Quand elle va par le quartier d'Antin
Baissant les plis d'un voile de Maline,
Bleu bavolet que double un blanc satin ?

Nul ne sait mieux le roman incertain
Du noble amour qui là-bas se décline.
Tu le connais, ce vainqueur clandestin,
Pouff de rubans où la rose s'incline.

Est-ce un sportman à l'âme chevaline,
Un conseiller d'état, un puritain ?
Fi ! pourquoi pas Desgenais où Colline ?
Charme léger de ce beau front mutin.

Heureux l'hôtel où, lorsque le matin
Tend l'horizon de pâle mousseline,
Se sont glissés et ton plumet hautain
Et ta tournure adorable et féline,
                    Petit chapeau.

Septembre 1831.

VIII

BALLADES DU TEMPS PRÉSENT

I

LE DIEU CAPRICE

A ALBERT DE CHEPPE

Toi qui sais tout, pourquoi faut-il
Qu'à Paris l'ananas mûrisse
Et que le vert bouquet d'Avril
Même en Janvier s'épanouisse ?
Pourquoi les bravos inconstants
Délaissent-ils la cantatrice
Pour la Danse aux jupons flottants ?
C'est le secret du Dieu Caprice.

Devant les Modes en péril
S'ouvre un éternel précipice.
Les *Lanciers* partent pour l'exil,
Et la *Scottish* émigre en Suisse.
Il faut qu'aux abîmes du temps
La crinoline s'engloutisse.
Pourquoi ces revers éclatants ?
C'est le secret du Dieu Caprice.

Qu'il soit Manfred, qu'il soit Myrtil,
Le poète toujours en lice
Cherche le soleil du Brésil
Dans les yeux d'une séductrice.
Par la muse allaité longtemps,
Il ne sort jamais de nourrice...
Si son cœur s'ouvre à deux battants,
C'est le secret du Dieu Caprice.

ENVOI

Ami, tes rêves palpitants
Poursuivent la beauté novice.
J'aime les femmes de trente ans...
C'est lé secret du dieu Caprice !

II

BRUNES ET BLONDES

A CHARLES LUCAS

Je ne fus jamais un Rolla,
Je ne suis pas même un Joconde ;
Je ne vais point de ci, de là,
Ravir tous les cœurs à la ronde.
Mais, comme un fer court à l'aimant,
J'ai jeté quelquefois ma sonde.
J'ai ma perle et mon diamant...
Mon amoureuse n'est pas blonde.

En vain Rubens me dit : « Holà ! »
Vénus en vain jaillit de l'onde,
Sous ses blonds cheveux qu'emmêla
La vague qui caresse et gronde.
J'ai prêté jadis un serment
Que mon heureux destin seconde.
Toujours le même enchantement !
Mon amoureuse n'est pas blonde.

A Windsor comme au Walhalla,
Sous le ruisseau d'or qui l'inonde,

La blonde, aux grands jours de gala,
Tourne une tête vagabonde.
Des cheveux noirs en ce moment
Brillent : l'illusion féconde
Vole à leur fier rayonnement...
Mon amoureuse n'est pas blonde.

ENVOI

J'ai froissé ton cœur d'Allemand,
Mon cher, et qu'en dira le monde ?
Je suis poète... mais amant !
Mon amoureuse n'est pas blonde.

III

LES PETITES FLEURETTES

A HENRI PILTÉ

Que le marin audacieux
Se plaise à voir les goëlettes !
Que les reines des bals joyeux
S'éprennent des riches toilettes !
Moi qui suis né pour voltiger
Dans le jardin des amourettes,

Au reste du monde étranger,
J'aime les petites fleurettes !

Que de fois triste et soucieux,
— A l'ombre des forêts muettes —
J'ai cherché, les pleurs dans les yeux,
Ces confidentes des poètes,
Tremblant de les interroger...
Mais vous m'avez dit, pâquerettes,
Des mots charmants qui font songer...
J'aime les petites fleurettes !

Quand le printemps capricieux,
Rouvrant ses fraîches cassolettes,
Fleurit Manon et Desgrieux
Comme des bergers d'opérettes,
O toi qui peux tout exiger,
Pour un bouquet de violettes,
Ton regard vient m'encourager.
J'aime les petites fleurettes !

ENVOI

Va, mon cœur, comme un messager,
Dire aux muguets dans leurs retraites :
« En amour je ne sais changer,
J'aime les petites fleurettes ! »

5.

IX

UNE PARISIENNE DE WATTEAU

A MÉRY

I

S'ils étaient des pinceaux, mes vers
Vous montreraient, rieuse et belle,
Sur le velours des gazons verts
Où la fleur penche son ombelle,

Sous le costume des Iris,
En paniers, en robe lamée,
Conviant les Jeux et les Ris
Bande aventureuse et charmée;

Et d'un adorable enjoûment
Faisant, parmi les bergeries,
Jouer capricieusement
L'éventail des coquetteries.

Vous seriez reine à Trianon
De par la grâce et la toilette
Vous auriez pour sceptre mignon
L'ivoire fin d'une houlette.

Je grouperais à vos côtés
Des Faunes, courtisans de marbre,
Et pour chantres de vos beautés
Les oiseaux, ces ténors de l'arbre.

Des zéphyrs ailés et dansants,
Galants ambassadeurs d'Eole,
Fêteraient de leur doux encens
Votre nonchalance créole.

A vos pieds, discrets soupirants,
S'idylliseraient les Léandres,
Et les madrigaux odorants
Germeraient dans les frais méandres.

Les sylphes du bon Gabalis
Sortiraient des corolles closes.

Devant vous rougiraient les lys ;
Devant vous pâliraient les roses.

Les infidèles papillons
Délaisseraient leurs chères tiges
Pour voltiger en tourbillons
Autour de vos divins prestiges.

Hommes et fleurs, tous aux aguets
Vous ouvriraient leurs cassolettes,
Parfums des cœurs et des muguets,
De l'amour et des violettes.

Tout s'égalrait, même les ifs
Et les chênes courbés par l'âge ;
L'écho redirait des motifs,
Des airs du *Devin du village.*

Ce serait un doux opéra,
Une inconstante comédie,
Un nouveau *Comme il vous plaira*
Dans une élégante Arcadie !

II

Mais faudrait-il tout transformer,
Changer paysage et costumes

Autour de vous, pour ranimer
Tous ces enchantements posthumes ?

Est-il, depuis son froid déclin,
Couché pour jamais dans la prose
Ce siècle en habit zinzolin,
Cet âge bleu, jonquille et rose ?

Et n'est-ce qu'un déguisement
De mon humeur magicienne
Qui vous rapproche en ce moment
Des déesses de Lucienne ?

Non ! car je vous vois devant nous,
En dépit des goûts prosaïques,
Unir comme en un rendez-vous
Toutes les modes archaïques.

Ça donc, petits abbés galants,
Griffons, sapajous et perruches,
Auprès des onduleux volants
Où descend le flot blanc des ruches ;

Ces volants en point d'Alençon
Où, comme aux paniers des douairières,
Se suspend le traître enfançon
Dont les flèches sont meurtrières.

Autour de ce corps assoupli
Par une cambrure engageante,
Le regard se plaît au long pli
Qui suit la ceinture régente.

Et l'on aime à voir sur ce front
Qu'un fardeau trop lourd blesse et choque,
S'élancer comme un geste prompt
Le plumet taquin de la toque.

Vous agitez entre vos doigts
Madame, une badine exquise,
Que le doux Lancret autrefois
Eût conseillée à Cydalise ;

Et Boucher qui mène aux déserts
L'essaim coquet des inhumaines
Dans vos poses et dans vos airs
A reconnu ses Dorimènes !

Les Tircis ne vous manquent pas,
Et l'amour que Midas achète
Vous fournit à chaque repas
Des madrigaux à la brochette.

Hors les mouches, rien n'est changé !
Autre temps, mêmes aventures !

Sous vos traits, ô marquise, j'ai
Revu les belles des peintures ;

Et, saisi d'un charme nouveau,
J'invite en parfait mousquetaire,
Une fille du grand Watteau
A l'embarquement pour Cythère.

Juin 60.

X

UNE FEMME DE TRENTE ANS

A PAUL ROGER-COLLARD

Elle a plus de trente ans... elle a vingt ans, te dis-je.
Je ne t'explique pas ce ravissant prodige ;
Heureux de l'admirer, je ne veux pas savoir
Si la fleur qui m'embaume est une fleur du soir,
Et je laisse un savant dédaigneux et morose
Demander son extrait de naissance à la rose ;
Noyé dans ses parfums, enivré de couleurs,
Je tiens mon âme close aux soucis querelleurs,
Et je sens librement s'élargir ma poitrine
Dans l'admiration de sa forme divine.

Cette reine des bals à l'air si triomphant
A le regard profond et tendre d'une enfant.

Un souffle virginal traverse son essence.
Son corps se développe avec adolescence,
Libre et s'assouplissant au rhythme de ses pas,
Ainsi qu'une liane, orgueil des verts pampas.
Sa marche fait penser à ces jeunes créoles
Au front superbe et doux encadré d'auréoles.
Légère, cette main porte un sceptre léger.
Ses pieds coquets sont nés d'hier pour voltiger,
Et défiraient sans crainte aux tournois de la danse,
Les filles de seize ans ivres d'indépendance ;
Ses yeux où la langueur attendrit la fierté,
Ont l'éclat transparent des belles nuits d'été,
Où le chaste rayon de l'étoile splendide
Fait l'ombre lumineuse et rend la nuit candide ;
Et quand, plus fiers, ils font briller leur noir fanal,
C'est le limpide éclat du soleil matinal
Qui baigne tendrement la terre reposée
Et mêle des pleurs d'or aux pleurs de la rosée.
La fauvette qui chante au silence des bois,
Jalouse la douceur et le frais de sa voix.
Tous les enfants gâtés s'éprendraient de sa moue ;
La pêche porte envie au duvet de sa joue,
Et sa lèvre où le rire est si franc et si gai
Rougit plus franchement que la cerise en mai.

Tout annonce l'aurore et le printemps en elle.
Elle prête à la mode une gâce nouvelle,
Et ferait applaudir aux dandys féminins

Les fontanges d'antan, les gothiques hennins;
Car tout se rajeunit autour de cette fée :
Et quand elle apparaît, de diamants coiffée,
Flamboyante au milieu des salons éclatants,
Auprès d'elle on ne voit que vieilles de vingt ans,
Et devant cette infante aux splendeurs printanières
Filles à marier se changent en douairières !

Si vous la connaissiez, rien n'est plus enfantin
Que son naïf mépris du vulgaire destin.
Elle eût, comme la reine à Trianon chérie,
Dans le siècle des clubs rêvé la bergerie,
Et de cette Antoinette héritant le doux nom
Où nous trouvons la Bièvre inventé le Lignon !

Dans son enthousiasme et dans son allégresse
Elle est tantôt l'enfance et tantôt la jeunesse.
Ses orgueilleux trente ans l'embellissent encor,
Mais j'y suis incrédule, et, même en Thermidor,
Je crois à Floréal, et mon rêve s'obstine,
Devant l'étrange accord d'une verve mutine,
D'une distinction dont s'enchantent les cours,
D'un esprit qui s'égaie en nonchalants discours,
D'une sérénité que dérange un caprice;
D'une grâce à la fois naïve et séductrice,
D'un poétique feu qu'éteindraient les barbons.
Jamais on n'aima plus les vers et les bonbons.

Ainsi, croyez-le bien, un valseur plein de zèle
Pourrait lui dire encor tout bas : « Mademoiselle; »
Et, malgré sa trentaine aux charmes irritants,
Malgré sa beauté même, elle n'a que vingt ans !

Juin CO.

III

I

A PHILOXÈNE BOYER

Fils de Synésius et frère d'Hypathie,
Extatique orateur à l'œil toujours en feu,
Comme l'illuminée ou comme la pythie,
Dis... Ne luttes-tu pas sous l'étreinte d'un Dieu ?

Quand ta parole jette à nos cœurs le vertige
Comme l'aspect d'un gouffre au détour d'un vallon,
Sens-tu s'abattre en toi par un soudain prodige
Ou l'aigle de Pathmos ou l'antique Apollon ?

Ah ! s'il peut évoquer ou Manfred ou Shakspeare,
C'est qu'il est un enfant de Will et de Byron ;
C'est que la Poésie à sa pensée inspire
Des vers doux comme un luth ou fiers comme un clairon.

Poëte épris du vrai, poëte amant du juste,
Les grands deuils sur ta lyre ont toujours un écho.
Chantre religieux de la souffrance auguste,
Tu consolas Molière et tu plaignis Sapho !

Dans le marbre idéal des rhythmes tu cisèles
Toute une apothéose incessante du beau ;
Car tes vers sont pareils aux bouquets d'immortelles
Et ta muse est toujours l'archange du tombeau.

59.

II.

AUX PETITS POÈTES

C'est la jeunesse réaliste. Ce qui la caractérise nettement. c'est une haine native des musées et des bibliothèques. Cependant elle a des classiques, particulièrement Henri Murger et Alfred de Musset. Elle ignore avec quelle amère gausserie Murger parlait de la Bohème; et quant à l'autre, ce n'est pas dans ses nobles attitudes qu'elle s'appliquera à l'imiter, mais dans ses crises de fatuité, dans ses fanfaronnades de paresse.

CHARLES BAUDELAIRE.

A LOUIS ULBACH

I

Votre amour, ô mes frères d'armes,
Fut baptisé de Chambertin
Au temps des *appas* et des *charmes*,
Et je le crois, malgré ses larmes,
 Un franc libertin.

Jadis, grand coureur de ruelles,
Marquis badin, galant abbé,
Il eût, sans trouver de cruelles,
Croqué sur les genoux des belles
          Le fruit dérobé.

Aujourd'hui, pour suivre la mode,
Pour plaire au vulgaire appétit,
Le bon ton n'était plus commode...
Notre Petit-Poucet de l'ode
          S'est fait plus petit.

Cet amour de miniature,
Qui prend les airs d'un Meissonnier,
N'est rien que la caricature
De sa passagère peinture
          Du siècle dernier.

Faublas sans rougeur à la joue,
Bien moins coquet et plus coquin,
Grand seigneur déch" dans la boue,
C'est un plaisant qu'on désavoue,
          Un grêle faquin.

Les fleurs qu'il offre à ses Armides,
Sans parfum pour notre odorat,

Ont-elles les senteurs rapides
Des pauvres roses insipides
    Qu'effeuillait Dorat?

II

Non ! ce n'est plus le mousquetaire
Toujours vainqueur soir et matin.
S'il croit s'embarquer pour Cythère
Son esquif aborde et prend terre
    Au quartier latin.

Des charmantes aventureuses
Le drôle ne sait plus le nom.
Ses Iris ce sont des coureuses.
Adieu, les belles amoureuses,
    Ninette et Ninon !

Il cherche dans les closeries
Celles que fêteront ses vers.
Il les demande aux brasseries,
A toutes les léproseries
    De tout l'univers.

Qu'il jette la pourpre et la soie
Sur ces mannequins d'hôpital

Et que tout son art s'y déploie,
C'est toujours la fille de joie
    Sur un piédestal.

Toujours le plaisir qu'on achète,
Qu'on loue ainsi qu'un domino ;
Voluptés roulant en cachette ;
Boudoirs ; fins soupers chez Vachette ;
    Bals au Casino !

III

Banals refrains sur un seul thème,
Voilà tous nos poètereaux !
Où sont-ils les vers où l'on aime
Avec l'élancement suprême
    Qui fait les héros ?

Où sont les strophes éplorées
Où, comme un fleuve qui versait
Son onde aux plaines altérées,
S'épanchait en larmes sacrées
    Le cœur de Musset ?

Où donc Elvire ? Où donc Marie ?
Où Valentine ? Où dona Sol ?

Sommes-nous la même patrie
D'où l'amoureuse rêverie
    Déployait son vol ?

Quel grand cœur pris de frénésie
Au nom de l'art, au nom de Dieu,
Dans une sainte jalousie
Fera sortir la poésie
    De ce mauvais lieu !

IV

En vain pour nous donner le change,
Ainsi que Macette au sermon,
Ces rimeurs barbouillés de fange
Cachent sous les ailes de l'ange
    La peau du démon.

Pour s'insinuer chez les prudes
Et pour s'y rendre intéressants,
Par d'enfantines attitudes,
Ils déguisent leurs turpitudes
    En jeux innocents.

Ils chantent si bien les charmilles
Les lustres, les nids, les galons,

Les chapelets et les résilles,
Qu'ils sont bien venus des familles,
　　Chéris des salons.

Q'importe ! fière et résignée,
La muse saura dire un jour,
Comme une Euménide indignée,
A leur volupté dédaignée :
　　« Tu n'es pas l'amour ! »

Fermez votre officine fade,
Roués au cynisme mesquin,
Tantôt mignard, tantôt maussade,
Qui d'une main cherchez de Sade,
　　De l'autre Berquin !

Et qu'au retour de mes prophètes,
Qu'au réveil des luths généreux,
Vos guitares restent muettes,
O faux jeunes gens, faux poètes,
　　Et faux amoureux !

Novembre 60.

III

ÉMAUX ET CAMÉES

A THÉOPHILE GAUTIER

Quelle Ondine, au ciel des féeries,
Fut ta marraine, ô ciseleur !
Qui dans tous tes rhythmes maries
Le son, la forme et la couleur ?

Pour ces odes impérissables
Dont mon jeune cœur s'est épris,
Par des secrets insaisissables,
O magicien, qu'as-tu pris ?

Les doux prestiges de Morgane,
Les nielles de Cellini,

Les tissus de la filigrane,
Le velours du pré rajeuni?

La nacre des perles, le tulle
Qui tapisse les sentiers nus,
Le marbre neigeux où Catulle
Cherchait l'invisible Vénus?

Les blancs réseaux des stalactites,
Les houppes fines des lilas,
La dentelle des clématites,
Frange odorante des villas?

Pour mettre dans ta poésie
Ces tons vifs, ces chaudes couleurs,
Flamboîments d'un soleil d'Asie,
Qui ne souffrent point de pâleurs;

As-tu pris les cheveux des astres,
Les feux ondoyants des cristaux,
Les reflets que jettent les piastres
Aux grottes des Monte-Christos?

Le chatoiment des stalagmites
Au fond des antres ténébreux,

L'éclair magique où les termites
   Fondent leurs élans amoureux?

Les fauves rayons des halones
Et des comètes au flanc roux,
Et la pourpre des mimalones
Flottant dans l'orgie en courroux ?

II

Livre bizarre et magnétique
Qu'on croirait écrit par Smarra
Sous l'enchantement exotique
Des danses de la Camara,

Ou dans cette ivresse du rêve
Que prodigue aux dormeurs conquis
Le haschich, qui tord et soulève
Derviches et thériakis !

Tant l'auteur sublime et fantasque,
Y mêlant Bergame et Milo,
Fait vibrer le tambour de basque
Avec la lyre d'Apollo !

Dans ces stances où se combine
L'art moderne à l'art de Paros,
Salmacis frôle Colombine,
Le Vieux Soldat coudoie Eros !

Ici le Carnaval agite
Les clochettes de la gaîté :
Là, c'est un regret qui palpite...
O divine variété,

Qui fais dire, fée immortelle,
Par ton changement infini :
C'est le ciseau de Praxitèle,
C'est le crayon de Gavarni !

Sous ces dominos bleus ou roses,
Sous ces mouches et sous ce fard,
Dans toutes ces métamorphoses,
Jeux de la Grâce et du Hasard,

Tu gardes dans ces stratégies
La rêveuse aspiration,
L'élan vers les nobles magies,
L'essor de l'inspiration.

Aussi fière qu'une Atlantide,
Ta muse, au peplum solennel,
Est encor la cariatide
Du temple de l'Art éternel.

59.

IV

ELLE ET LUI

A GRÉGORY GANESCO

Il n'était pas humain cet amour plus étrange
Que les enlacements de géante et d'archange
Qui, sous les cieux nouveaux, formidables amants,
Ebranlaient les granits de leurs embrassements,
Et troublaient les regards sereins de la Nature ;
Eux dont chaque caresse était une torture,
Et qui, presque étouffés dans leurs bras palpitants,
Faisaient craquer leurs os comme deux combattants.
La tempête chantait leur sombre épithalame ;
Le volcan éclairait leurs faces de sa flamme.
Les bois déracinés par leur puissante main
S'écroulaient pour servir de couche à leur hymen,
Et les cris effrayants qui sortaient de leurs bouches
Faisaient mugir l'écho dans les antres farouches.

7

Ainsi nous avons vu, sous nos soleils hâtifs,
Tel qu'un dernier débris des couples primitifs,
S'unir, comme aux grands jours de l'antique allégresse,
Le demi-dieu fougueux avec la centauresse.
Cet accord fut fêté. ce lien fut béni
Par l'acclamation du monde rajeuni.
Ils tourmentaient aussi la Nature lassée
Par les rudes sursauts de leur forte pensée :
Eux aussi s'éclairaient aux lueurs des volcans ;
A leur voix les cités se transformaient en camps ;
L'orage les fêtait quand ils passaient dans l'ombre !
Devant eux s'écroulaient des idoles sans nombre ;
Leur parole agitait l'éther mélodieux,
Et leurs bras enlacés déracinaient les Dieux !

Ce siècle les a vus dans un fatal délire,
Chercher la passion comme on vole au martyre,
Et, bien loin au-dessus de nos vaines clameurs,
Au-dessus de nos lois, au-dessus de nos mœurs,
Sur le hardi trépied d'un idéal Caucase,
Se créer l'un à l'autre une cruelle extase,
Et frapper de stupeur les vulgaires heureux
Par tout ce que l'amour a de plus douloureux.

Leur union n'était qu'un duel et qu'une guerre,
Et chacun d'eux, muet comme un tortionnaire,
Dans un de ces combats qui veulent un vainqueur,
S'efforçait d'aspirer le sang de l'autre cœur,

Quand l'un des deux lutteurs s'est affaissé... mystères
Qui n'ont pas arrêté les tardifs pamphlétaires.
Secret qui ne devait être su que de Dieu !
Qui de vous a compris ces ivresses de feu,
Cet orgueil d'un grand cœur qui jouit quand il souffre,
Ce vertige inspiré qui pousse vers le gouffre.
Mais vous, ô nains chétifs, vous qui rampez en bas,
Vous avez méconnu ces sublimes combats,
Vous avez désuni par une lâche insulte
Ceux qui se rejoindront plus tard dans notre culte.
Cessez d'interroger la pierre des tombeaux.
Dites-vous seulement : « Ils furent grands et beaux ! »
Ne vous demandez plus penchés sur cet abîme,
Quel fut le meurtrier, quelle fut la victime.
Dites-vous : « L'holocauste a consumé l'autel !
Le baiser des Titans est un baiser mortel ! »

Septembre 60.

V

Quand le soir vous ramène à la verte colline
Où, parmi les enfants qui mêlent leurs ébats,
Le beau couple d'amants se recueille et domine
La ville aux mille bruits, la ville aux vains débats,

Devant ce noir champ-clos des modernes combats,
Vous qui vous souvenez, Henri, — vous, Adeline,
Peut-être, comme un son de vague mandoline,
Mon nom sur votre lèvre expire-t-il tout bas ?

Peut-être, dites-vous, il veille, il souffre, il prie,
Est-ce à la liberté qu'il songe, à la patrie,
A l'amour, son seul roi, son éternel vainqueur ?

Rêve-t-il d'ajouter une corde à la lyre ?
Amis, sans vous tromper, vous pouvez toujours dire :
« Quelque chose de grand fait palpiter son cœur ! »

VI

CHANSON DU LUNDI

AU MARQUIS A. DE BELLOY

> « La chanson la plus charmante,
> « C'est la chanson des amours. »
> VICTOR HUGO.

Vois cette flûte rieuse
Que tient un gai domino :
La chanson la plus railleuse
Nous vient de Fiorentino,

Saisis la note bruyante
Que jette en passant ce cor :
La chanson la plus brillante
Appartient à Saint-Victor.

Fier à dominer un Serbe,
Belle à charmer Roméo,
La chanson la plus superbe
Sort des lèvres de Théo.

Familière et provoquante,
Avec son ton aigrelet,
La chanson la plus piquante
Part de Charles Monselet.

Comme un trille de fauvette,
Au bois par avril paré,
La chanson la plus discrète
Est celle de Prémaray.

Sur une gamme un peu lente,
Qu'avouerait le doux Grétry,
La chanson la plus galante
Découle de Saint-Valry.

Svelte comme une bergère,
Sautillante comme un nain,
La chanson la plus légère
C'est la tienne, cher Janin.

Mais, rapsodie inclémente,
Qui de Saint-Acheul venait,
La chanson la moins charmante,
C'est la chanson de Venet.

59.

VII

A THÉODORE DE BANVILLE

Le poète voudrait, loin des bruits prosaïques,
Bercé dans les langueurs du kief oriental,
Rêver au doux pays parfumé de santal,
Dans des kiosques à jour, pavés de mosaïques,

Voir avec le haschich danser dans le cristal
Les houris, et passer au loin, sur des caïques,
Des femmes au front pâle, aux splendeurs hébraïques,
Dont l'œil prit un rayon à leur soleil natal.

Le souffle du réel dissipe ces chimères,
Et, lassé de sculpter des châteaux éphémères,
Olympio se fait Gille ou Pascariel ;

Mais l'Idéal, tandis qu'il va soufflant ses bulles,
Le suit, et le tréteau des libres funambules
Devient le piédestal où se masque Ariel.

57.

VIII

MADEMOISELLE FERNAND

A HENRI CAZALIS

I

Nous sommes seuls, Henri, fermons bien notre porte,
A tous les visiteurs, hormis au Souvenir.
La Fortune aux doigts d'or peut frapper... que m'importe?
Je n'ouvre qu'à celui qui nous vient rajeunir,
En murmurant tout bas le doux nom d'une morte
Dont notre cœur dans l'ombre aime à s'entretenir.

II

Une morte lointaine, une morte ignorée !
Qui sait autour de nous qu'elle fut reine un jour,

Qu'elle vit à ses pieds un public, une cour,
Qu'elle fut applaudie, encensée, adorée,
Cette comédienne à Doche préférée,
Pensive comme l'Art, belle comme l'Amour !

III

A l'heure où l'on regrette, à l'heure où l'on frissonne,
Qui pense à toi, Fernand, qui s'en souvient ? personne,
Excepté deux amis par un serment liés
Dont l'âme à ce vieux deuil aisément s'abandonne,
Et qui ne laissent point s'envoler oubliés
Les songes fugitifs de leurs jours d'écoliers.

IV

Deux rêveurs de vingt ans ! voilà ton seul cortége :
Tes seuls gardiens ; leur culte immuable protége
Ton âme dont un souffle éteignit le flambeau,
Et qui de ton passé disputent un lambeau
A l'oubli, comme on voit, en dépit de la neige,
Deux fidèles rosiers consoler un tombeau.

V

Quand le hasard béni nous donna de connaître
Ce fier type qu'aurait aimé l'enfant d'Urbin,

Nous étions à cet âge impatient du maître,
Age où l'adolescent frémit dans le bambin.
Le trouble s'insinue et le désir pénètre,
Et qui s'endort baby s'éveille Chérubin !

VI

O quinze ans, ô saison d'allégresse infinie,
Et de pensée ouverte à tous les vents du ciel,
Quand Delacroix, Hugo, Meyerbeer et Rachel
Initiaient nos cœurs au secret du génie,
Baptisaient nos fronts purs dans des flots d'harmonie
Et courbaient nos genoux en montrant leur autel !

VII

Nous en parlons souvent de ces bonnes soirées
De rêves ingénus, d'illusions sacrées,
Où le théâtre aimé nous fêtait à loisir ;
Cœurs tout épanouis, prunelles enivrées,
Nous nous serions pendus au lustre, sans choisir
Un meilleur idéal du terrestre plaisir !

VIII

C'était à l'Odéon ! la fête accoutumée
Avait promis *Mauprat* à notre âme charmée ;

Nous attendions tous deux, ivres d'émotion,
Et presque indifférents au choc de l'action,
Inquiets de savoir si l'invisible Edmée
Serait ou la copie ou la création.

IX

Et tu parus, Fernand, comme au bord de la Creuse
Sand t'avait découverte, ô vierge des manoirs,
A cheval par les bois, comme une aventureuse,
L'auréole à ton front, l'éclair à tes yeux noirs,
Mais de nobles pensers au cœur et généreuse
A toutes les douleurs, à tous les désespoirs.

X

Edme ι Sylvestris ! Nous l'avions reconnue :
C'était bien sa pudeur, c'était bien sa pitié
Qui de toute blessure avait pris la moitié.
C'était bien sa splendeur dont notre âme éperdue
Aspirait le vertige, et Bernard à sa vue
Tremblait moins fou d'ivresse et moins extasié.

XI

Ses vrais, ses seuls amants, c'était nous ! dans la salle
Où l'indolent caprice occupait chaque stalle,

Qui sentait comme nous la rare volupté
D'avoir devant ses yeux son amante idéale,
Et de voir se lever avec sérénité
Le soleil imprévu de la sainte Beauté ?

XII

Beauté, fille des Dieux, quand on t'a rencontrée,
Rien ne détruit ta trace à jamais consacrée,
Ni l'oubli, ni le temps dans leur jaloux essor ;
Le sol luit sous leur pas et s'illumine encor :
Car ta vivante image en nos cœurs est entrée,
Mieux qu'un coup de tonnerre ou qu'une flèche d'or !

XIII

Laisse-nous te pleurer, ô toi qui, la première,
Nous fis comprendre un soir cette divinité
Du front plein de rayons, des yeux pleins de lumière
Et du corps ondulant sur un rhythme enchanté,
Toi qui dors aujourd'hui dans un froid cimetière
Et qui n'es plus qu'un nom par deux voix répété.

XIV

Deux fraternelles voix ! deux voix reconnaissantes
Et qui te font encor leurs plus tendres adieux.

O morte, dans un chant triste et mélodieux,
Le chant du souvenir, ô reine des absentes,
Pour que sous le gazon, pauvre-fille, tu sentes
Comme un double baiser descendre sur tes yeux !

Mars 61.

IX

VEUILLOT CHEZ LA MUSE

A CHARLES ASSELINEAU

Un soir d'hiver, las du ton
Dont chaque jour il s'amuse
A siffler le feuilleton,
Le bon Veuillot, nous dit-on,
Est allé trouver la Muse.

Galans, sigisbés, valets,
Ne voulant pas, et pour cause,
L'admettre dans le palais,
Chassaient à coups de balais
Ce transfuge de la prose.

Elle, clémente parfois
Pour une si grande dame,
En voyant ce fin matois,
Si penaud et si pantois,
Sentit s'attendrir son âme.

« Qu'il vienne faire sa cour
A mon lever, leur dit-elle :
Qu'il se repente à son tour
D'avoir eu l'espoir, un jour,
D'être aimé d'une Immortelle.

Ne craignez point quelque mal,
Strophes, petites peureuses ;
Il vient sans dessein brutal
Se faire inviter au bal,
Des Odes aventureuses.

Qu'il contemple, trop heureux,
Leurs chastes ou folles rondes,
Dont le mouvement nombreux
S'accorde au rhythme amoureux
Qui mène le chœur des mondes.

Alors, s'il n'hésite pas,
S'il veut *entrer dans la danse,*

O chœur, ouvre-lui les bras,
Mais gare aux premiers faux pas !
Gare s'il rompt la cadence !

Quand même au-dessus du sol
Gagnant les plus hautes cimes,
Il soumettrait dans son vol,
Infaillible comme Auriol,
La corde raide des rimes ;

Quand, aussi doux qu'un baiser,
Dans une heureuse Arcadie,
Ses vers, prompts à tout oser,
Se joueraient d'apprivoiser
L'oiseau de la mélodie !

Il leur manquerait toujours
Les signes des grands artistes,
Le rayon d'or des amours,
La finesse des contours,
Le charme des grâces tristes.

La tendresse du penseur,
Pour toute chose fragile,
Le dédain de l'oppresseur

Et la sereine douceur
Qui chante aux vers de Virgile !

Va ! rime, mais sans songer,
A mêler tes odelettes
Aux vierges au pas léger,
Qui naissent pour voltiger,
Au doux appel des poètes ! »

60.

X

LA CHANSON DE JANVIER

A SEVERIANO DE HÉRÉDIA

Et pour cette nouvelle année,
Et pour tout l'avenir, je veux
Dire quel sera, pour nous deux,
Le roman de la destinée.
Partout où luira sur les fronts
Des Juliettes au blanc voile,
La Beauté, fascinante étoile,
　　　Nous aimerons !

O Nature, aux grâces sauvages,
Tant qu'à nos regards bien épris,
Rayonneront tes frais pourpris,
Souriront tes grands paysages ;

Que vous fleurirez, liserons,
Et qu'au bois règneront les chênes,
Libres des prosaïques chaînes,
    Nous chanterons !

Tant qu'au cri d'amour de la femme,
Répondra le cri des douleurs ;
Tant que déborderont les pleurs
De la plaie immense de l'âme ;
Tant qu'au bruit fatal des clairons
Fuiront les foules désarmées ;
Femmes et races opprimées,
    Nous lutterons !

Hélas ! l'amour a ses supplices ;
Il ne subjugue les héros
Que pour leur donner des bourreaux
Dans leurs divines séductrices,
La lutte indigne les Nérons ;
Les chants irritent le vulgaire,
Partout le mépris ou la guerre !
    Nous souffrirons !

8o.

IV

LA BOITE DE PANDORE

A AMÉDÉE POMMIER

Tu m'as ensorcelé, perfide : je t'adore,
Jettatrice ! et malgré l'exorcisme aux vains mots,
Nos amours sont liés ainsi que des jumeaux ;
Et qu'on les désunisse, ils se joindront encoré !

Car ton cœur est pour moi la boîte de Pandore
Qui cache en ses replis l'essaim trompeur des maux
L'envie et la colère y croisent leurs émaux,
La luxure y sourit aux baisers qu'elle implore.

La gourmandise y dort, prompte à se réveiller;
La paresse s'y fait un charmant oreiller ;
L'orgueil s'y dissimule avec indifférence.

Et pourtant j'ai rêvé d'ouvrir ce cœur fatal...
C'est qu'au fond de la boîte, avec un doux signal,
— Un signal amoureux, — m'appelle l'espérance.

II

LA PETITE CÉLESTE

A LOUIS ÉNAULT

I

Comme ils semblaient joyeux, jeunes gens et lorettes,
Joyeux d'aimer, joyeux de vivre; le boudoir
Parfumé retenait ses hôtes, et le soir
Les conviait aux bals ou bien aux opérettes,
Sans pouvoir entraîner ces reines d'amourettes
Et ces sveltes causeurs ivres de nonchaloir.

II

Mais de quoi parlaient-ils ? de tous ces riens que brode
Sur un frêle tissu le vieil esprit français,

8.

Des caprices d'hier. où se joûra la mode,
Et de la pièce en vogue, où la Bourse et le Code
Ont la part du lion dans le nouveau succès;
Et du dernier duel et du dernier procès.

III

Aucun d'eux ne pensait au printemps de sa vie,
A sa belle jeunesse à tous les vents ravie,
Mais douce à respirer comme une floraison ;
On songeait aux absents qui n'avaient point raison ;
Et tu trouvais moyen, ô féminine envie,
De glisser par moments un peu de ton poison !

IV

L'entretien, on le voit, n'était point romantique :
Beaux yeux, miroirs ardents où rayonne le jour,
Qui donc perdrait son temps à vous faire la cour?
Vous ne réclamez plus d'hommage poétique...
Mais, pour se conformer à l'usage gothique,
Quelqu'un de loin en loin jetait le mot *amour*.

V

C'était en carnaval : il est bon de le dire.
On sait qu'alors tout est masqué et déguisements.

L'Amour qu'on saluait des fanfares du rire
Avait volé son nom à celui dont la lyre
Recueille avec ferveur les saints frémissements
Et qui nous fait baiser la trace des amants.

VI

Ce n'était point l'Éros confiant et superbe
Qui, du monde naissant dominateur imberbe,
Fécondait la nature en délivrant les sens,
Subjuguait la fierté des Dieux adolescents,
Et, faisant palpiter la fleur, la feuille et l'herbe,
Laissait s'épanouir tous les instincts puissants.

VII

Ce n'était pas l'archange à la voix inspirée
Qui du premier appel nous détache du sol,
Et qui nous dit de suivre une chaste adorée
Partout où douloureux nous emporte son vol,
Et de sacrifier notre âme torturée
Sur l'autel d'Ophélie ou bien de dona Sol.

VIII

Non ! c'était cet Amour très-sujet au contrôle,
Colon de Breda-street et parfait citadin,

Moins tendre que lascif, plus grossier que badin.
On dirait un acteur jouant un mauvais rôle
Et toujours prêt lui-même à se siffler : le drôle
Ne fut dans tous les temps qu'un pauvre baladin.

IX

Mais pendant qu'à l'envi les jeunes et les belles,
Comme on verse à plaisir un philtre empoisonné,
Échangeaient des propos d'alcôves et de ruelles
— Tel un oiseau surpris qui replirait ses ailes —
Se dérobait aux yeux du rêveur fasciné
Une enfant rougissante au sourire étonné.

X

Dans un coin du boudoir, interdite et modeste,
Charmante cependant sous sa parure agreste,
Elle levait parfois ses grands yeux effarés,
Profonds comme les lacs aux reflets azurés...
— On l'appelait, je crois, la petite Céleste. —
Le nom comme l'enfant s'étaient bien égarés.

XI

La veille elle jouait encor dans son village,
Cette pauvre mignonne, une enfant de quinze ans.

Mais comme il rayonnait, son candide visage,
Auprès de tous ces teints flétris avant le temps !
Elles avaient l'attrait fiévreux d'un soir d'orage,
Elle avait la douceur d'un matin de printemps.

XII

Mais Rosaline, hier, l'a prise à son service,
Rosaline savante à son galant métier.
Falbalas provocants, ton leste et cavalier,
Tout cela peut tourner une tête novice,
Et puis les séducteurs ne sont pas loin... Le vice
Aime tant à cueillir les fruits sur l'espalier !

XIII

Je les vois tous guettant la vierge sans défense,
Surprenant sa pudeur par quelque adroit détour,
Oiseleurs éternels qu'attire l'innocence,
Tous ces vieillards brisés par leur pâle impuissance,
Ces vieillards dont la mort daigne oublier le tour,
Ces blêmes jeunes gens trafiquant de l'amour !

XIV

Elle vous connaîtra, tentations banales,
Célébrités du Bois qu'escortent les scandales,

Or des brelans honteux que le hasard répand,
Faciles liaisons où l'on vit en trompant,
Equipages princiers et parures royales,
Paradis féminin où règne le serpent !

XV

Mais, dans ces bals bruyants où le quadrille ondoie,
Parmi les pas lascifs et les bonds querelleurs,
Ou quand l'ardent souper rit, babille et flamboie,
Elle entendra le cri des secrètes douleurs,
Et, si quelque envieux veut épier sa joie,
Il verra dans son verre étinceler des pleurs !...

XVI

Si le poète ému qui pensif te regarde,
Te parlait, ô Céleste, il te dirait : « Prends garde,
Prends garde à cet éclat que dans l'ombre tu vois. »
Je crains plus ce boudoir malsain où se hasarde
Ta beauté, ces chansons, ces rires et ces voix,
Que les piéges d'amour des grottes et des bois.

XVII

Passe sans écouter la sorcière qui tente,
L'Orgie aux yeux hagards, à la voix haletante,

Qui saisit sa victime au seuil de l'Opéra ;
Suis le sentier béni qui te ramènera ;
Réserve au fiancé ta candeur palpitante :
Ils te profaneraient, et lui seul t'aimera !

XVIII

Va ! laisse sans regret à ces aventurières
Tout ce clinquant d'un jour, ce strass d'une saison.
A toi la liberté des bois pleins de bruyères !
A toi les beaux enfants, gaîté de la maison !
A toi les doux réveils et les douces prières !
Reste le lis sans tache aimé du vert gazon !

XIX

Que l'artiste blasé, que la femme proscrite
Tournent aveuglément dans un cercle de feu !
A tous ces condamnés dis un suprême adieu.
Retourne dans tes champs où l'*Angelus* t'invite.
Sois blanche sous les cieux comme une clématite.
Garde au front la rougeur, cette rose de Dieu.

Février 1860.

COMPLAINTE D'UN LUTIN FAMILIER

A CATULLE MENDÈS

J'étais gai ; j'errais parmi les clairières
  Des bois de Verrières
  Et de Satory,
Et donnant l'essor aux folles gambades,
  J'avais mes aubades,
  Mon air favori.

Dans Versaille et dans les Trianons sombres
  Où passent des ombres
  Veuves du soleil,
Ma voix plébéienne et trop familière
  Troublait La Vallière
  Dans son doux sommeil.

J'aimais mieux guider au frais Luciennes
Les Vénitiennes
Du Quartier-Latin,
Complice discret des tendres fleurettes
Et des amourettes
Au profil lutin.

Versant le Champagne au cristal du verre,
L'amour peu sévère
Servait d'échanson,
Et faisait sur l'air de landerirette
Polker Bernerette
Et Mimi Pinson.

Et moi j'écoutais leurs demi-silences
Et les confidences
Du vague duo ;
Je ne voulais pas comme l'alouette
Ravir Juliette
A son Roméo.

Mais les cœurs s'en vont, adieu poésies !
Mes Andalousies
N'ont plus leurs balcons ;
Et, sur un sol froid que la pluie assiége,
La prose et la neige
Tombent à flocons.

Je ne verrai plus, sous les clématites,
    Courir, mes petites,
    Vos beaux pieds de faons ;
Et, dans les champs pleins d'haleines ambrées,
    Vos tailles cambrées,
    Vos mines d'enfants.

Qui me rendra donc vos coquetteries,
    Rieuses féeries
    Du joyeux printemps?
Vos babils mutins d'oiseaux sur les branches,
    Et vos robes blanches,
    Et vos dix-sept ans?...

Un quinquagénaire, époux respectable,
    Vous poursuit à table
    De son Grand Central,
Et dans vos boudoirs remplis de douairières,
    O mes cavalières,
    Souffle le mistral.

Les jeunes d'alors se sont faits notaires,
    Ou propriétaires,
    Ou bien marguilliers,
Et songent aux yeux de leurs adorées
    Moins qu'à leurs denrées
    Ou qu'à leurs loyers.

Tu t'es engloutie avec ta tendresse,
        O noble jeunesse,
        Sous le flot dormant.
Moi je reste seul et mélancolique,
        Comme une relique
        D'un monde charmant.

67.

_____

IV

LES BAISERS DE GÉRONTE

A LAURENT-PICHAT

I

Ce qui m'emplit le cœur de la plus sainte haine
C'est de voir des vieillards, passé la soixantaine,
Usurper les désirs des jeunes damerets,
De ci, de là courir encor la prétentaine,
Et lâches oiseleurs tendre partout leurs rets.

II

Que nous, hier enfants, échappés de collége,
Nous nous laissions voler nos cœurs et prendre au piége
De quelque brédaline aux brillants oripeaux,

Ce genre de sottise est notre privilége ;
Et c'est être moins fou que de l'être à propos.

III

Mais qu'un de ces vieillards à la blancheur sacrée,
Qui, le front couronné de sagesse inspirée,
Devraient parmi nos rangs passer comme des Dieux,
S'affole d'une belle au hasard rencontrée,
C'est pis que ridicule, hélas ! c'est odieux.

IV

Au bois, au boulevard, quelle risible bande :
O Lauzuns attardés, Rollas de contrebande,
O Dons Juans de regain et d'arrière saison,
Vous allez, emportés dans une sarabande,
Dont le ménétrier se nomme Déraison !

V

Encore un vieux soldat à la vaillante épée
Qui palpite aux genoux d'une sotte poupée
Et bégaie : « Je t'aime ! » On oublirait vraiment
Que ce Cassandre fut l'Hector d'une épopée.
Lassé d'être héros, il se grime en amant !

VI

Les plaisants amoureux ! des galants qu'on n'avoue
Que pour les mobiliers où leur faste se joue,
Qui, dupes de regards en secret dédaigneux,
Vont parer et dorer une idole de boue,
Crédules acheteurs de baisers besogneux.

VII

O Dandin de l'amour, tu te peins, tu te fardes,
Et poussif sous un frac étroit tu te hasardes
Dans un boudoir hanté par le vice impuni,
Lorsque tu ne vas pas épier aux mansardes
Les vierges de seize ans dans leur sommeil béni.

VIII

C'est ici que le rire a peur de ta démence ;
La sottise s'arrête et le crime commence.
Que vous ont-ils donc fait, ô chasseurs de plaisir,
Ces pauvres petits cœurs qui chantent la romance
Du rêve printanier et du vague désir ?

IX

Que vous ont-ils donc fait pour troubler leurs pensées,
Déployer la misère à ces âmes lassées,

Acheter à prix d'or leurs enfantins aveux,
Et pour les rejeter à jamais fiancées
Au monstre inassouvi, Débauche aux flancs nerveux?

X

Pourquoi sur ces fronts purs le stygmate du vice?
Pourquoi ce fleuve noir où, dans l'ombre, se glisse
Une enfant? ô printemps, dis-moi pourquoi tu meurs !
Pourquoi ? L'or est le maître, et maître le caprice
Des roués impuissants qui veulent des primeurs.

XI

Et ce sont ces vieillards aux viles fantaisies,
Qui de tous leurs dédains et de leurs jalousies
Flétrissent la jeunesse à l'héroïque essor,
Et l'osent accuser dans leurs hypocrisies
D'idolâtrer Marco sur l'autel du Veau d'or !

XII

O squelettes vivants dont aucun ne se lasse
D'insulter la pudeur qui lui demande grâce,
Nous cherchons la tendresse, et vous la volupté.

Courbez-vous donc devant ceux qui prennent leur place
Aux soleils de l'amour et de la liberté?

XIII

Vieux drôles, saluez la jeunesse qui passe !

61.

V

LE MARIAGE D'ARAMINTE

VILLANELLE

A ÉDOUARD THIERRY

Araminte se marie !
C'est la nouvelle du jour :
Je ne veux pas qu'on en rie !

Plus d'un déjà s'expatrie
De l'orchestre ou du pourtour.
Araminte se marie,

La jeune France est marrie
De se voir jouer ce tour.
Je ne veux pas qu'on en rie,

C'est une source tarie.
Qu'en dira Victor Séjour !
Araminte se marie.

Mais qui donc à la mairie
Conduira ce cher amour ?
Je ne veux pas qu'on en rie.

Est-ce un lion de Barye,
Un notaire, un troubadou ?
Araminte se marie.

Elle fuit en Sibérie
Ou sur les bords de l'Adour...
Je ne veux pas qu'on en rie.

ENVOI

Las ! plus de coquetterie,
Plus de petit doigt de cour.
Araminte se marie.
Je ne veux pas qu'on en rie !

Décembre 1859.

VI

LE POÈME DE LA PANTOMIME

A CHAMPFLEURY

I

Pantomime au geste furtif,
Au rire franc, dans ton domaine
Tu contiens pour l'œil attentif
Toute la comédie humaine.

Quand la palette de Watteau
Fait vivre tes rêves fantasques,
Le penseur voit sur ton tréteau
Nos passions dessous tes masques.

Ils nous donnent bien des leçons
Tes acteurs, ces maîtres d'école,

Plus bavards que tous les pinsons
Avec leur muette parole.

Les plus graves moralités
Se cachent sous tes danses vives,
Et le festin de tes gaîtés
Admet les soucis pour convives.

Tes trappes renferment l'esprit
Comme la boîte de Pandore ;
Tes signes valent le sanscrit,
Et tes tambourins la mandore.

Ton masque n'a jamais célé
Comme ceux de nos doctrinaires
Le piége savamment voilé
Sous des sentences débonnaires.

Jamais tu ne m'intimidas
Par le triomphe des profanes.
Ta batte en veut au seul Midas
Et s'attaque aux oreilles d'ânes.

Tes grelots sont bien moins bouffons
Que ceux des humaines folies,
Et tes pleurs mêmes plus profonds
Que nos fausses mélancolies.

Je comprends que Charles Gozzi,
Que Champfleury le réaliste
Aient, pour rajeunir tes lazzi,
Prodigué leur verve d'artiste.

Qu'Arsène ait quitté Pompadour
Pour t'enrubaner de sa prose ;
Que Gautier voulût par amour
Accomplir ton apothéose ;

Que Janin, toujours conseillé
Par la fantaisie et la grâce,
Sur ton théâtre, ait effeuillé
Les roses de son frère Horace ;

Que Sand, revenant des grands bois,
Où germait son récit rustique,
Laissât le roman aux abois
Pour ton théâtre fantastique.

Car avec la réalité
Ton art a bien des voisinages,
Et, malgré leur air brillanté,
Ils vivent tous tes personnages.

Ton drame est le drame éternel
Que la triste humanité joue.

Sous le fard qui couvre ta joue,
Rien n'est fictif, tout est réel.

II

Pierrot, blanc spectre aux longues manches,
Qu'immortalisa Debureau,
C'est l'enchanteur de nos dimanches,
Plus puissant qu'un roi de carreau.

Il a des reflets de Shakspeare,
Qui passent sur son front rieur,
Et dans l'air que Pierrot respire,
On sent des brises d'Elseneur.

Mais plus souvent les gaîtés franches,
Les gaîtés, mères du baiser,
Comme des oiseaux sur les branches,
Sur ses lèvres vont se poser.

Son corps imite les limaces
Ou les affreux magots d'Yédo.
Sa tête branle, et ses grimaces
Mettraient en fuite Cupido.

Scintillant comme des turquoises,
Ses yeux vont chercher les croquants,

Ses mines sont lestes, narquoises ;
Ses coups de pied sont éloquents !

C'est le Français, vif et frivole
Que n'incommode aucun bâillon,
Et qui vers Asnières s'envole
Plus coquet qu'un bleu papillon ;

L'ouvrier qui se plaît à boire,
Qui sait son Béranger par cœur,
Et chante madame Grégoire,
Le gamin subtil et moqueur ;

C'est un bohème, un fantaisiste.
C'est l'esprit libre et révolté,
Qui, toujours, comme un duelliste,
Se bat contre la Pauvreté.

III

Sous les feuilles au vert de cendre,
Voyez s'avancer triomphant
Le vieux pédagogue Cassandre
Et Léandre, ce vieil enfant.

Cassandre, épiant la façade
Et le balcon de sa maison,

C'est la vieillesse âpre et maussade
Qu'épouvante la floraison.

La vieillesse avec sa perruque!
Elle veut, dans ses noirs desseins,
Comme une mégère caduque,
Amours, disperser vos essaims.

Mais en multipliant les grilles,
Les duègnes à dévotions,
Ravira-t-elle aux jeunes filles
Les jeunes adorations?

Les amoureuses sérénades,
Soupirant dans les nuits d'été,
Et le tendre écho des ballades
Du Lignon au Guadalété?

Les rendez-vous sous les arcades,
Les conversations au bal,
Les billets doux, les cavalcades,
Les intrigues d'un festival ?

Non! la séduction voisine
Vous frappe de son rameau d'or,
Jaloux, et l'aimable Rosine
Répète l'air du beau Lindor.

IV

Ce Lindor, ce n'est pas Léandre,
Insupportable compagnon,
Plus ennuyeux que Caloandre,
Berger ridicule et grognon,

Caricature en frac vert-pomme
Comme Cham en dessinerait ;
Dandy suranné, vieux jeune homme;
Un *incroyable* trait pour trait !

Sur sa poitrine que calfate
Un gilet d'un vert incertain,
Tombent les flots d'une cravate
En avalanche de satin.

Il fait, en mimant des sornettes,
Dont rirait le crédule Argan,
Onder de larges cadenettes,
Un démesuré catogan.

Il a l'allure muscadine,
Les gestes tirés au cordeau,
Et fait tournoyer sa badine,
Ainsi qu'au théâtre Feydeau.

Quand les beaux de la République,
Thermidorisant leur habit,
Ne pouvaient, dans leur zèle oblique,
Désencanailler leur esprit,

Et sous leurs fracs aux modes folles
Laissaient passer, passer toujours
Un lambeau de leurs carmagnoles,
Ce vêtement des mauvais jours.

V

Pendant que cette aigre famille
Distille aux passants ses ennuis,
Regardez cette jeune fille,
Franche comme le vin de Nuits.

C'est bien le type où se combine
La rêverie à l'enjoûment.
C'est Colombine, Colombine,
Celle qui sait rire en aimant !

Colombine, la colombelle
Qui veut à nos yeux éblouis
Toujours se montrer gaie et belle,
Mais surtout en lointain pays.

Car cette rose aventureuse,
Svelte quêteuse d'infini,
Ne se sent vraiment amoureuse
Que dans l'éloignement du nid.

Et jamais larmes plus joyeuses
Ne viennent emperler ses cils
Qu'aux profondeurs mystérieuses
Des plus introuvables exils !

Etrange enfant ! vierge docile
Au seul amour impérieux,
Comme une brune de Sicile
Dès le premier accord des yeux ;

Pourtant savante en artifices,
Cœur douteux comme un faux sequin,
Pleine de subtils maléfices
Pour tous, hormis pour Arlequin !

Il passe agile, et l'a domptée ;
Et la rieuse au vol d'éclair
Suit, comme une esclave enchantée,
Cet appel qui vibre dans l'air.

Ainsi — pâle et frêle anémone
Qui livrait sa tige au courant —

L'insouciante Desdémone
Suivit son fatal conquérant.

Telle à son amant s'abandonne
Cette fille, ivre d'un vainqueur,
Qui danse, coquette, et fredonne,
Mais qui porte une flèche au cœur !

VI

Et toi, vif enfant de Bergame,
Tu représentes les amants;
Nous avons tous chanté ta gamme;
Tu traduis tous nos sentiments.

Arlequin au masque de nègre,
Tu me séduis plus, noir Rolla,
Que les Arthurs à la voix aigre
Qu'au Vaudeville on adula.

Fantocchino dont l'art prospère,
O bariolé nécroman,
Laisse-moi te nommer le père
De tous les héros de roman.

C'est toi qui nous donnas l'exemple;
Oui c'est toi qui nous appelas

Au culte d'amour dans un temple
Où se glissent les Dalilas.

La fidélité chevalière
C'est toi, More, qui nous l'appris.
On devrait porter ta bannière,
O roi des cœurs les mieux épris !

Plus dévoué pour ton amante
Que les Antonys ténébreux,
Tu restes dans notre tourmente
Le premier, le dernier des preux.

Quand tous tes rivaux, cœurs de roche,
N'aiment que leur ambition,
Toi seul tu restes sans reproche,
O Bayard de la passion !

Ton amour, rien ne l'intimide,
Et, malgré les sots réunis,
Tu fuis avec ta jeune Armide
Dans les espaces infinis;

Dans les ravissants labyrinthes
Où naissent les Oarystis;
Où, loin des périls et des craintes,
Fleurit le bleu myosotis;

Où l'on entend les dialogues
De la pervenche et des oiseaux ;
Où le printemps fait des églogues
Que chantent les petits oiseaux ;

Pays que Mignon vit en rêve,
C'est là qu'Arlequin précéda
Tous ceux dont l'âme en fleur s'élève
Comme Cédar vers Daïdha.

Oui ! c'est bien le vallon féerique.
C'est l'oasis de l'idéal
Où fleurit le pampre lyrique :
Pour nous c'est le pays natal ;

Et nos âmes, ces exilées
Qui sans l'amour devraient mourir,
Lis arrachés de leurs vallées,
Y pourront un jour refleurir,

Mais si nous touchons cette terre,
Visapour, Golconde ou Nankin,
Dans cette éternelle Cythère
Tu régneras, grand Arlequin !

VII

Heureux qui peut aux Funambules
Contempler, et silencieux
Voir s'élever comme des bulles
Tous ses élans insoucieux ;

Ou, mordant à l'absinthe amère
Avec le public émigrant,
Suivre la fantasque chimère
Sur les traces de Paul Legrand.

Sous ce règne du vaudeville
Heureux qui peut t'étudier,
Inspiratrice de Banville,
Consolatrice de Nodier !

Car la pantomime révèle
Au jeune cœur qui s'ignorait
Toute une existence nouvelle,
Dont l'avenir sait le secret.

Espoir des âmes inquiètes,
Audace des cœurs langoureux,
Elle a formé des amoureux,
Elle a réjoui des poètes !

Pantomime au geste furtif,
Au rire franc, dans ton domaine,
Tu contiens pour l'œil attentif
Toute la comédie humaine.

———————

VII

LA FÉE DE LA GOURMANDISE

A AUGUSTE POULET-MALASSIS

Elle eût par son ensemble exquis et souverain
Captivé Lucullus et Brillat-Savarin,
Sur les tables que pare un magnifique trophée
Les bouquets et les fruits disent : « C'est notre Fée ! »
Le vin pour la fêter réclame l'échanson
Et les cristaux joyeux font vibrer leur chanson.

Fût-on Bias, fût-on Suger, fût-on Beausobre,
Près d'elle on oublirait le serment d'être sobre,
Et l'on inviterait, comme le Commandeur,
Aux lunch du Carnaval le Carême grondeur ;
Tant cette belle a l'air, il faut que je le dise,
Bien moins d'une diva que d'une friandise.

Son entretien choisi, par de fines saveurs
Eveille le désir dans l'âme des rêveurs.
Ses yeux qui dans les cœurs ont fait plus d'un ravage
Ont l'éclat fier et doux de la mûre sauvage.

Comme le coquillage aux frais gazouillements,
Son oreille aux propos courtois des mieux aimants
S'ouvre ; l'or du maïs sur ses cheveux flamboie.
Empruntant à la pêche un fin duvet de soie,
Sa joue à nos regards révèle avec fierté
Les signes séducteurs de ses grains de beauté
Pareils à des raisins de Corinthe, et marie
Dans un accord divin par sa coquetterie
A des blancheurs de lait un carmin de fraisier.
On dirait de la neige au-dessous d'un rosier...

Mélange harmonieux des choses que l'on aime
Pour vous, ô délicats, elle est tout un poème ;
Et si la royauté qu'exerce Monselet
Prenait un beau matin la quenouille et filait,
O gourmands de Paris, de Travancor, des Syrtes,
Qui soupez en gondole ou dînez sous les myrtes,
Senoras, hospodars, visirs, dandys et miss,
Vous salûriez en chœur votre Sémiramis,
Et, reine couronnée avec des primevères,
Vous la proclameriez au bruit flatteur des verres !

Mars 1857.

VIII

LA PORTE

A LÉON CLADEL

La voilà donc, ami, cette triste maison,
      Qui, par une verte saison,
Fut pour moi tout un monde et tout un horizon.

      Jadis je fuyais cette rue
Et je ne puis te suivre et détourner ma vue.
      Salut, ô chère reparue !

Quel magnétique attrait me force à revenir,
      A m'attarder, à me tenir
Fixe et silencieux comme le souvenir ?

Et, tandis que de sa mansarde
Quelque fille aux yeux noirs m'épie et me regarde,
Je reste là sans prendre garde

Aux propos des voisins, à l'abord du passant,
Au choc du bai-brun bondissant
Qui peut sur le pavé faire jaillir mon sang.

Que me fait la fuite de l'heure
Et l'aile de la mort qui peut-être m'effleure ?
Ma vie est à cette demeure !

Mon âme est à ces murs, à ces témoins jaloux
Du charme impérieux et doux
Qui souleva mon cœur et plia mes genoux.

Ces confidents de ma jeunesse
Ils m'ont vu, prosterné dans l'enfantine ivresse,
Devant la première maîtresse.

Ce sont eux les gardiens de cet ancien serment
Qu'un jeune cœur où rien ne ment
Garde en ses profondeurs comme un froid monument.

Ce sont eux qui sauraient te dire
Que mon âme, fidèle à l'amoureux martyre,
N'a pas renié son délire ;

Et que, si dans un sombre et sinistre repli
            Dort notre amour enseveli,
La faute en est au sort et non pas à l'oubli.

            Tu le sais, ô maison émue
Par tant de visions que mon âme remue,
            Elle n'est pas une inconnue.

Et *Moi* je ne suis pas non plus un étranger.
            Trois ans, hélas ! n'ont pù changer
Cet enfant qui venait, cœur libre et pied léger.

            Tu le sais, ô Porte fidèle,
Et tu sembles t'ouvrir pour me mener chez Elle,
            Au nid où n'est plus l'hirondelle.

Une heure ! oh ! je voudrais une heure dans ce nid
            Vivre mon passé rajeuni
Et des longs souvenirs épuiser l'infini.

            J'irais tout droit à cette chambre
Où nos soirs de juillet, où nos nuits de décembre
            Ont laissé le parfum de l'ambre,

L'arome de l'éther, les rêveuses odeurs,
            Les voluptueuses senteurs
Qui voltigent dans l'air en fantômes rôdeurs.

Comme un riverain aux yeux caves,
J'irais, j'irais partout, dédaigneux des entraves,
Chercher d'amoureuses épaves.

Quelque bout de satin traînant dans son boudoir,
Des lettres au fond d'un tiroir,
Son sourire flottant toujours sur le miroir.

Plongeant ma tête où fut sa couche,
Là, je resterais là frissonnant et farouche,
Sur le parquet collant ma bouche,

Et jetant follement mes lèvres à l'entour
De tout ce qui vit mon amour,
Regards encor ouverts de ce vivant séjour !

Aux glaces, au marbre, aux croisées,
Aux lustres, aux tapis, aux tentures usées,
A ces choses divinisées !.

Au bord de ce passé comme sur un grand trou
Penchant le front, ployant le cou,
J'irais, ivre d'horreur et de joie, heureux fou !

Dans la demeure inanimée
Courant, cherchant partout la présence semée
De la perdue et de l'aimée,

J'irais... Mais quand mon pas taquin et familier,
          Comme dans mes jours d'écolier,
Sonnerait sa fanfare en scandant l'escalier,

          Un valet, un rustre peut-être,
Pourrait, en me voyant tout à coup apparaître,
          M'arrêter... il en est le maître !

Despote subalterne, il peut à son loisir
          Me défendre de ressaisir
La brève illusion d'un douloureux plaisir,

          Et me chasser comme un infâme
De ce mélancolique asile où je réclame
          Ce qu'il y reste de mon âme !

Septembre 61.

LES REVENANTS D'ALICE

A ÉMILE MONTÉGUT

La flamme aux yeux, le froid au cœur, l'âme au supplice
Raymond s'était couché sombre aux genoux d'Alice,
     Muet, et pendant que le jour
Laissait encor flotter ses confuses peintures
Sur les murs du boudoir aux épaisses tentures,
     Il attendait blessé d'amour.

Il attendait, fidèle à son craintif silence,
Un sourire, un regard qui guérît sa démence,
     Un mot de résurrection
Qui le fît remonter à la pure lumière
Des tristes souterrains du cœur et de la bière
     Où le clouait sa passion,

X

LES REVENANTS D'ALICE

A ÉMILE MONTÉGUT

La flamme aux yeux, le froid au cœur, l'âme au supplice
Raymond s'était couché sombre aux genoux d'Alice,
     Muet, et pendant que le jour
Laissait encor flotter ses co   ses peintures
Sur les murs du boudoir aux épaisses tentures,
     Il attendait blessé d'amour.

Il attendait, fidèle à son craintif silence,
Un sourire, un regard qui guérît sa démence,
     Un mot de résurrection
Qui le fît remonter à la pure lumière
Des tristes souterrains du cœur et de la bière
     Où le clouait sa passion,

Il se mourait devant cette splendeur tranquille
D'une idole hautaine et toujours immobile .
      Dans son implacable beauté ;
Devant ces yeux profonds, pareils à des abîmes,
Vagues et noirs, remplis de mystères intimes
      Et de secrète cruauté.

Calme et sans rien changer au rhythme de sa pose
Et dans sa main distraite effeuillant une rose
      Sur le velours de ses coussins,
Elle se reposait comme une vierge sage
Sans qu'un seul battement soulevât son corsage,
      Qu'un seul soupir gonflât ses seins.

Ou par un brusque élan de cavale indomptable
Elle se dressait, puis courait vers une table
      Et, comme d'un doigt étourdi,
Froissait des billets doux ou des coupons de rente
Ou bien au piano brisait sa voix vibrante
      Dans un air strident de Verdi.

Et pourtant, reniant le silence farouche,
Raymond, navré d'horreur avait ouvert la bouche
      Pour maudire et pour supplier
Cette Alice haïe et toujours adorée
Qui ravissait son cœur, cette chose sacrée,
      Son cœur d'enfant pour le broyer !

Et triste il lui disait : « O reine de ma vie,
O toi que si longtemps dans l'ombre j'ai suivie
      Avec des vers, avec des fleurs,
O terrible splendeur, ne feras-tu pas grâce
A ce cœur dévoré par toi ? n'es-tu pas lasse
      De te griser avec mes pleurs?

J'aurai, sous les rayons d'une aurore éphémère
Délaissé mon foyer, épouvanté ma mère,
      Et tant souffert et tant pleuré
Pour qu'elle me repousse et qu'elle me dédaigne,
Ainsi que le martyr qui sur l'arène saigne
      Par la panthère déchiré.

Et toi, qui donc es-tu, meurtrière chérie,
Pour que ce dévoûment et que cette furie
      De tous mes désirs comprimés
Ne puisse t'émouvoir, ô déesse de neige,
Et pour qu'un moins aimant ait seul le privilége
      D'ouvrir tes bras pour moi fermés ? »

« — Qui je suis ? répondit la moderne Aspasie,
Les artistes en chœur m'appellent Poésie
      Et les grands seigneurs Volupté.
J'ai mon nom qu'on invoque et mon nom qu'on profane.
L'un me dit : « Charmeresse » et l'autre : « Courtisane. »
      Mon vrai nom c'est Fatalité.

Ah ! tu ne connais pas la guerre intérieure
Qui s'émeut dans mon sein. Sais-tu pas que je pleure
       Sur mes rêves désabusés,
Moi qui de ton amour depuis deux ans me sèvre,
Et qui ne laisse pas aller à toi ma lèvre
       Frémissante vers tes baisers.

C'est parce que toi seul es mon idolâtrie,
Mon seul dieu, mon seul maître et ma seule patrie,
       Et ma conscience et ma loi,
Et que je jetterais mon sang, mon âme même
A tes pieds dédaigneux, et parce que je t'aime,
       Que je ne veux pas être à toi. »

Et Raymond s'élançait quand Alice d'un geste
Le retint : « Oh ! va-t'en ! ma tendresse est funeste ;
       Mon amour est l'amour fatal.
Il ne féconde pas comme on le croit ; il tue !
On me sculpte en Vénus ; je suis une statue
       De la mort au noir piédestal.

Loin de toi mes baisers, puisque je t'adore.
O le meilleur de moi, Raymond, si jeune encore,
       O toi si pur, ô toi si beau,
Pourquoi te condamner au sort sinistre et fauve
De ceux qui s'endormaient au fond de mon alcôve
       Pour s'éveiller dans le tombeau.

Tu ne les connais pas, ces spectres en gant paille
Que je vois toujours là, fixes sur la muraille,
      Eternels comme mes remords.
L'un montre son poignard et dit : « Miséricorde. »
L'autre agite en passant son poison ou sa corde.
      Tous disent : « Nous sommes tes morts ! »

Et ce sont ces rivaux qui dans leur froid cortége
T'attireraient, hélas ! ô Raymond que protége
      Mon amour maître de mes sens,
Ce sont ces revenants dont la jalouse envie,
Dans mes bras, sur mon sein, viendrait prendre ta vie,
      Ces fantômes adolescents.

Ah ! je les crains pour toi comme un essaim avide
Tous ces ensorcelés du pâle suicide
      Qui te font signe de la main ;
Et moi la méprisée, et moi l'aventurière,
Je renonce au bonheur qui me rendrait si fière
      Pour ne pas te perdre demain.

C'est que je ne veux pas, ô Raymond, que tu meures,
Laisse-moi loin de toi jusqu'aux suprêmes heures
      T'aimer en silence et souffrir.
Chère âme, tu mourrais si j'étais ta maîtresse ! »
Mais Raymond la pressa dans ses bras, fou d'ivresse,
      Et s'écria : « Je veux mourir ! »

X

AVOIR TOUJOURS VINGT ANS

A CHARLES COLIGNY

Avoir toujours vingt ans, prodiguer sa jeunesse,
Inépuisable flot d'un féerique trésor,
Dépenser son esprit comme un riche son or,
Agenouiller sa vie au pied d'une maîtresse,
Et plus tard et demain l'agenouiller encor !

Croire à l'amour ! sentir toujours un cœur qui vibre
A ce divin signal qui se prolonge en nous,
Au cri mystérieux qui nous courbe à genoux
Et nous fait abjurer le souci d'être libre
Pour servir la beauté dont les Dieux sont jaloux !

Evoquer des déserts la pauvre Poésie,
Et baisant ses beaux yeux qui semblent supplier,
Lui faire de son âme un temple hospitalier,
Et, quand elle nous jette au cœur sa fantaisie,
La suivre au bout·du monde en loyal chevalier;

Accepter son exil, partager son martyre,
Sans tragique amertume et sans airs langoureux,
Défier tous les sots d'un chant aventureux,
Et leur laisser comprendre aux accents de sa lyre
Que la muse immortelle aime son amoureux !

Unir dans ses pensers l'action et le rêve,
Ces frères désunis par la réalité;
A l'idéal de l'art mêler l'humanité;
Et, lorsqu'au firmament notre regard se lève,
Y chercher ton étoile, ô vierge Liberté !

Comme un spectre maudit chasser l'indifférence,
Demander une foi même aux Dieux inconnus;
Se jeter en chantant parmi les glaives nus,
Pour un des rubans verts que nous tend l'espérance,
Et retrouver la clef des paradis perdus!

Se sentir plus de sève au cœur que les grands chênes,
Plus d'amoureux baisers que les nids palpitants,
Faire envie au soleil, faire honte au printemps,
Et marcher sous le ciel sans craintes et sans haines.
Oh ! le rêve divin. Avoir toujours vingt ans !

———

TABLE DES POÉSIES PARISIENNES

FRONTISPICE

II

III

IV

FIN DE LA TABLE

11,287 — Abbeville, imp. R. Housse.

CATALOGUE

DE LA LIBRAIRIE

POULET-MALASSIS

—

NOVEMBRE 1861

—

Envoi franco par la poste à la réception de toute demande par lettre affranchie et accompagnée d'un mandat ou de timbres poste.

—

CHARLES ASSELINEAU.

LE PARADIS DES GENS DE LETTRES, selon ce qui a été vu et entendu par Charles Asselineau l'an du Seigneur MDCCCLXI. 1 vol. in-24.   1 fr.

ZACHARIE ASTRUC

LES 14 STATIONS DU SALON DE 1859, suivies d'un récit douloureux. 1 vol. in-18.   2 fr.

LE SALON INTIME, EXPOSITION AU BOULEVARD DES ITALIENS, avec une préface extraordinaire, eau-forte de CAROLUS DURAN. 1 vol. in-18.   2 fr.

THÉODORE DE BANVILLE

POÉSIES COMPLÈTES, avec une eau-forte titre, dessinée et gravée par LOUIS DUVEAU. 1 vol. gr. in-12.   3 fr.

Les Stalactites, Odelettes, Le Sang de la Coupe, La Malédiction de Vénus, etc.

* PARIS ET LE NOUVEAU LOUVRE, ode, in-8°. 50 c.

* AMÉTHYSTES, nouvelles odelettes amoureuses composées sur des rhythmes de Ronsard. 1 v. in-24. 1 fr. 50.

* ESQUISSES PARISIENNES, scènes de la vie. 1 vol. grand in-12. 2 fr.

Les parisiennes de Paris. — Les Noces de Médéric. — Un Valet comme on n'en voit pas. — La vie et la mort de Minette. — Sylvanie. — Le Festin des Titans. — L'illustre Théâtre.

LA MER DE NICE, lettres à un ami. 1 vol. in-18. 2 fr.

BARBEY D'AUREVILLY

* DU DANDYSME ET DE GEORGE BRUMMELL. 1 vol. in-24. 2 fr. 50

J. B. BASSINET

FANTAISIES ET BOUTADES, poésie. 1 vol. in-18. 2 fr.

CHARLES BAUDELAIRE

* LES FLEURS DU MAL, seconde édition, augmentée de trente-cinq poèmes inédits. et ornée d'un portrait de l'auteur, gravée par Bracquemond. 1 vol. 3 fr.

* LES PARADIS ARTIFICIELS. OPIUM ET HASCHISCH. 1 vol. 3 fr.

* THÉOPHILE GAUTIER, notice littéraire, précédée d'une lettre de Victor Hugo, avec un portrait de Théophile Gautier, gravé par E. Thérond. 1 vol. in-18. 1 fr.

CASIMIR BOUSQUET

LA MAJOR, cathédrale de Marseille, in-8°, avec planches. 8 fr.

D'UNE ERREUR HISTORIQUE A PROPOS DE SAINT-VINCENT-DE-PAUL ET DE SON VOYAGE A MARSEILLE EN 1622. in-18.

LE PRÉSIDENT DE BROSSES

**LETTRES FAMILIÈRES ÉCRITES D'ITALIE A QUEL-
QUES AMIS. DE 1739 A 1740,** avec une étude litté-
raire et des notes par HIPPOLYTE BABOU. (Seule édition
sans suppressions.) 2 vol. gr. in-12.   4 fr.

FRÉDÉRIC BULAU.

**PERSONNAGES ÉNIGMATIQUES, HISTOIRES MYS-
TÉRIEUSES, ÉVÉNEMENTS PEU OU MAL CONNUS,**
traduits par W. DUCKETT. 3 forts vol. in-18. 10 fr. 50

TOME PREMIER. — Les Hôtes mystérieux du château
d'Hishausen. — Les descendants de Cromwell. — Un
Aventurier de bas étage au XVIIe siècle.—La princesse
des Ursins. — La Conspiration de Cellamare. — La
Diplomatie occulte de Louis XV et le chevalier d'Eon.
—La superstition au XVIIIe siècle: la comtesse de Cosel,
Cagliostro, Duchanteau et Clavières, le comte de Saint-
Germain, MM. de Hund et Alten-Gotkau, les Tem-
pliers, Schrepfer, Obereit, madame de La Croix, La
Condamine et les Convulsionnaires, Cazotte. — Les
Princes coureurs d'aventures.

TOME SECOND. — Un Prétendant au XVIe siècle. — Enfants
naturels des derniers Stuarts. — Le maréchal de La
Force. — Une pseudo-reine. — Suzanne Henriette d'El-
beuf. — Le comte Erick Brahe. — Brisacier. — Extinc-
tion de la maison de Clèves. — La duchesse Jac-
queline. — Les Schomberg. — John-Lilbarne. — Fer-
dinand VI et Charles III, rois d'Espagne. — Le comte
de Lewenhaupt. — Une Conspiration à Malte. — Le
Czarewitch et sa femme. — Enfants naturels des rois
de Danemarck. — La comtesse de Rochlitz. — Procès
de Madame de Neitschutz.

TOME TROISIÈME. — Lord Lovat. — Le prince de Kaunitz
et le duc de Choiseul. — Une Princesse de Hohen-
zollern. — Les ducs de Northumberland, de Somerset
et d'Argyle. — Histoire de Revenants arrivées à la Cour
de l'Electeur de Trèves. — N'avoir vraiment pas de
chance. — Le comte de Bonneval. — Lord Peterbo-
rough. — La Révolution russe de 1762. — La Révolu-
tion russe de 1801. — Une Prédiction. — Castlereagh

et Wellington. — Un Prétendant au XIXᵉ siècle. — La Capitulation de Paris. — Le Peuple-Roi, scènes contemporaines. — Le Miroir magique. — Souvarof en Italie. — La Légion allemande. — Bucquoy.

CAMPARDON

Archiviste aux Archives de l'Empire.

*HISTOIRE DU TRIBUNAL RÉVOLUTIONNAIRE, d'après les documents originaux conservés aux Archives de l'Empire. 2 vol. in-18.   7 fr.

HENRI CANTEL

IMPRESSIONS ET VISIONS, précédées d'une préface par Hyppolyte Babou. 1 vol. gr. in-12.   3 fr.

CASTAGNARY

PHILOSOPHIE DU SALON DE 1857. 1 vol in-16 sur papier vergé.   1 fr.

ALBERT CASTELNAU

LA QUESTION RELIGIEUSE. 1 vol. in-18.   2 fr.

CHAMPFLEURY

*LA SUCCESSION LE CAMUS, avec un frontispice dessiné et gravé par François Bonvin. — LES AMIS DE LA NATURE, avec le portrait de l'auteur, gravé à l'eau-forte par Bracquemond, d'après un dessin de Gustave Courbet. 1 vol. gr. in-12.   3 fr.

*MONSIEUR DE BOISD'HYVER, avec quatre eaux-fortes dessinées et gravées par Amand Gautier. 1 v. gr. in-12.   3 fr.

*GRANDES FIGURES D'HIER ET D'AUJOURD'HUI. BALZAC, GÉRARD DE NERVAL, WAGNER, COURBET, avec quatre portraits gravés par Bracquemond, 1 vol. gr. in-12.   3 fr.

LES SOUFFRANCES DU PROFESSEUR DELTEIL, avec quatre eaux-fortes dessinées et gravées par CHAM. 1 vol. gr. in-12. 3 fr.

LES AVENTURES DE MADEMOISELLE MARIETTE, avec quatre eaux fortes dessinées et gravées par MORIN. 1 vol gr. in-12, 3 fr.

DE LA LITTÉRATURE POPULAIRE EN FRANCE. — Recherches sur les origines et les variations de la légende du Bonhomme Misère. In-8°. 3 fr.

PHILARÈTE CHASLES

Professeur au Collège de France, Conservateur à la Bibliothèque Mazarine.

VIRGINIE DE LEYVA, OÙ INTÉRIEUR D'UN COUVENT DE FEMMES EN ITALIE AU COMMENCEMENT DU XVII° SIÈCLE, d'après les documents originaux. Seconde édition, ornée du portrait de VIRGINIE DE LEYVA d'après DANIEL CRESPI. 1 vol. in-18. 2 fr.

AUGUSTE DE CHATILLON

A LA GRAND'PINTE, poésies, avec une préface de THÉOPHILE GAUTIER, seconde édition très-augmentée. 1 vol. gr. in-12. 2 fr.

JEAN DE FALAISE (MARQUIS DE CHENNEVIÈRE-POINTEL).

LES DERNIERS CONTES de JEAN DE FALAISE, avec une eau-forte de JULES BUISSON. 1 vol. gr in-12. 2 fr.

Le curé de Maubosc. — Curieux extrait d'un rapport nouvellement présenté à l'Académie de Falaise. — Trignac. — Mademoiselle Gueru. — Latuin et Goudoreil. — Suzanne. — Georgine. — Les Émigrés normands. — Quel souvenir de jeunesse eut un juré du Calvados.

LE MARQUIS DE CHERVILLE

LE DERNIER CRIME DE JEAN HIROUX. 1 vol. in-18. 1 fr. 50

ÉMILE CHEVALIER

*LES DRAMES DE L'AMÉRIQUE DU NORD. — La
Huronne. 1 vol. in-18.   3 fr.

LÉON CLADEL

*LES MARTYRS RIDICULES, avec une préface de
CH. BAUDELAIRE. 1 vol. gr. in-12.   3 fr.

LE DOCTEUR CLAVEL

LES RACES HUMAINES ET LEUR PART DANS LA
CIVILISATION. 1 vol. in-8°.   5 fr.
STATIQUE SOCIALE. DE L'ÉQUILIBRE ET DE SES
LOIS. 1 vol. in-18.   3 fr.

CHARLES CORASSAN

VÉRITÉS ET SÉVÉRITÉS. In-18.   1 fr.

ALPHONSE DAUDET

LA DOUBLE CONVERSION, conté en vers, avec un
frontispice gravé d'après RACINET. 1 vol. in-32.   1 fr.

TAXILE DELORD

*LES TROISIÈMES PAGES DU JOURNAL LE SIÈCLE,
portraits modernes. 1 vol. gr. in-12.   3 fr.

F. Lamennais. — Edgar Quinet. — Jules Simon. — Pros-
per Enfantin. — Eugène Pelleton. — Achille de Vau-
labelle. — Henri Martin. — Guizot. — Timon en 1857
(le docteur Véron). — Royer-Collard. — Saint-Marc
Girardin. — Saint-Just. — Merlin de Thionville. —
Ferdinand II. — De Falloux. — Lacordaire.

CHARLES DIGUET

RIMES DE PRINTEMPS, avec une lettre de M. DE LA-
MARTINE à l'auteur. 1 vol. in-18.   1 fr.

MAXIME DU CAMP

*EN HOLLANDE, lettres à un ami, suivies des catalogues des musées de Rotterdam, La Haye et Amsterdam. 1 vol. gr. in-12. 3 fr.

E. J. DUFRESNE

Receveur de l'Enregistrement.

ÉLÉMENTS DE LA PERCEPTION DU DROIT D'ENREGISTREMENT, comprenant des considérations générales sur cet impôt et une refonte méthodique de la législation qui le régit le 1er janvier 1860. 1 vol. in-18. 3 fr.

DUCOS-DUHAURON

LES NOCES DE POUTAMOUPHIS. In-8º. 2 fr.

EDMOND DURANTY

LE MALHEUR D'HENRIETTE GÉRARD, seconde édition. 1 vol. in-18. 3 fr.

FURETIÈRE

* RECUEIL DES FACTUMS D'ANTOINE FURETIÈRE DE L'ACADÉMIE FRANÇAISE CONTRE QUELQUES-UNS DE CETTE ACADÉMIE ; suivi des preuves et pièces historiques données dans l'édition de 1694, avec une introduction et des notes historiques et critiques par CHARLES ASSELINEAU. 2 forts volumes in-18, imprimés sur papier vergé. Ensemble 7 fr.

THÉOPHILE GAUTIER

* HONORÉ DE BALZAC, édition revue et augmentée, avec un portrait gravé à l'eau-forte par E. HÉDOUIN, et des fac-simile d'autographes. 1 vol. gr. in-12. 2 fr.

* ÉMAUX ET CAMÉES, seconde édition augmentée, avec fleurons, culs-de-lampe et en-tête dessinés par E. THÉROND. 1 vol. in-18. 3 fr.

LE PÈRE CAVAZZI

SERMONS DU PÈRE CAVAZZI, chapelain d· Garibaldi ; suivis de pièces macaroniques sur la révolution de Naples, traduits de l'italien par Félix Mornand, précédés d'une notice sur le Père Cavazzi. 1 vol. in-18. (Quelques exemplaires.) **2 fr.**

ACHILLE GENTY

RIMES INÉDITES EN PATOIS PERCHERON, recueillies et publiées par Ach. Genty (traduction française à la suite). 1 vol. in-16.

CHANSONS SUR LA RÉGENCE. — Trois chansons attribuées au Régent, publiées par Ach. Genty. 1 vol. in-16.

LA FONTAINE DES AMOUREUX DE SCIENCE, composée par Jehan de Lafontaine, de Valenciennes, en la comté de Hainaut, poème hermétique du XVe siècle, publié par Ach. Genty. 1 vol in-16.

Prix de chaque volume de la collection Ach. Genty, tiré à 355 exemplaires.

Papier vélin :	1 fr. 50 c.
raisin :	2 "
vergé :	2 25
de Chine :	5 "

UN HABITANT DE CHÂTEAU-THIERRY (FERNAND GIRAUDEAU)

MON VOYAGE AU CORPS LÉGISLATIF par un habitant de Château-Thierry. 1 vol. in-18. **1 fr. 50 c.**

MADAME MATHILDE GRANGIER

AMOUR ET DEVOIR, seconde édition. 1 vol. in 18. 3 fr.
OU TROUVE-T-ON L'AMITIÉ ? 1 vol. in-18. **3 fr.**

ERNEST HAMEL

MARIE LA SANGLANTE, histoire de la grande réaction catholique sous Marie Tudor, précédée d'un essai sur la chute du catholicisme en Angleterre, et ornée d'un portrait de Marie Tudor d'après Antoni Moro. 2 vol. in-8°. **10 fr.**

EUGÈNE HATIN

HISTOIRE POLITIQUE ET LITTÉRAIRE DE LA PRESSE EN FRANCE, avec une introduction histo-rique sur les origines du journal et la Bibliographie générale des journaux depuis leur origine. 8 vol. in-8° à 6 fr. le vol. 8 vol. in 12 à 4 fr.

HENRI DE LACRETELLE

LES NUITS SANS ÉTOILES. In-18.   3 fr.

ALBERT DE LA FIZELIÈRE

A-Z, OU LE SALON DE 1861. In-18   1 fr.

LAGRANGE-CHANCEL

LES PHILIPPIQUES, nouvelle édition, revue sur les éditions de Hollande, sur le manuscrit de la biblio-thèque de Vesoul, et sur un manuscrit aux armes du Régent, précédée de Mémoires pour servir à l'histoire de Lagrange-Chancel et de son temps, en partie écrits par lui-même, avec des notes historiques et littéraires, par M. DE LESCURE. 1 vol. gr. in-12.   3 fr.

VICTOR LANGLOIS

UN CHAPITRE INÉDIT DE LA QUESTION DES LIEUX SAINTS. — Que le tombeau de Jésus n'est pas dans l'église du Saint-Sépulcre, mais dans la mosquée d'Omar, à Jérusalem. In-8°.   1 fr.

LOREDAN LARCHEY

LES EXCENTRICITÉS DU LANGAGE FRANCAIS, se-conde édition, avec un frontispice dessiné et gravé par L. LARCHEY. 1 vol. in-18. (Quelques exemplaires.)
                                                4 fr.

LE COMTE DE LAMOTTE-VALOIS

AFFAIRE DU COLLIER. — MÉMOIRES INÉDITS DU COMTE DE LAMOTTE-VALOIS, sur sa vie et son époque, — 1754-1830 — publiés d'après le manuscrit, avec un historique préliminaire, des pièces justificatives et des notes, par LOUIS LACOUR. 1 vol. grand in-12. 3 fr.

E. LA RIGAUDIÈRE

HISTOIRE DES PERSÉCUTIONS RELIGIEUSES EN ESPAGNE. — Juifs. — Mores. — Protestants. Seconde édition. 1 vol. in-18. 3 fr. 50

LECONTE DE LISLE

* POÉSIES COMPLÈTES (*Poèmes antiques. — Poèmes et Poésies*, ouvrages couronnés par l'Académie française. — *Poésies nouvelles*), in-12, avec une eau-forte, dessinée et gravée par LOUIS DUVEAU. 1 vol. grand in-12. 3 fr.

* IDYLLES ET ÉPIGRAMMES DE THÉOCRITE et ODES ANACRÉONTIQUES, traduction nouvelle. 1 vol. grand in-12. 3 fr.

M. DE LESCURE

EUX ET ELLES, histoire d'un scandale, seconde édition, revue et augmentée d'une préface. 1 vol. in-18. (Quelques exemplaires.) 3 fr.

CH. DE LORBAC ET ESPION-DHARMENON

THÉATRE POSSIBLE. — Monsieur du Terme, boutade dramatique, en 1 acte et en vers. In-18. 1 fr.

LE PARACHUTE, fantaisie dramatique en un acte et en vers. In-18. 1 fr.

EUGÈNE MARON

* HISTOIRE LITTÉRAIRE DE LA CONVENTION NATIONALE. 1 vol. grand in-12. 3 fr.

AMÉDÉE MARTEAU

SATIRES, avec un frontispice dessiné et gravé par BRACQUEMOND. 1 vol. in-8°. 6 fr.
Prologue. — L'esprit des femmes. — Le faux luxe. — Le théâtre. — Les journalistes littéraires — La jeunesse dorée. — La danse des vivants. — La poésie et l'amour. — Le bon marché. — Les journalistes politiques. — Le langage d'aujourd'hui. — Hypocrisie et intrigue.

N. MARTIN

MARYSKA, légende madgyare, seconde édition. In-18. 2 fr.

ÉMILE MARVEJOULS

AGRIGENTE ET GIRGENTI, OU LA SICILE ANCIENNE ET MODERNE, souvenirs et impressions d'un voyage fait en juin 1857, 1 vol. in-18. 1 fr.

ALFRED MICHIELS

* LES ANABATPISTES DES VOSGES. 1 vol. gr. in-12. 3 fr.

CHARLES MONSELET

* LES OUBLIÉS ET LES DÉDAIGNÉS, figures littéraires du XVIIIe siècle. 1 vol. grand in-12 3 fr.
Linguet. — Mercier. — Dorat-Cubières. — Olympe de Gouges. — Le Cousin Jacques. — Le Chevalier de la Morlière. — Le Chevalier de Mouhy. — Desforges. — Gorgy. — La Morancy, — Plancher-Valcour. — Baculard d'Arnaud. — Grimod de la Reynière.
* LES TRÉTAUX DE CHARLES MONSELET, farces et dialogues, avec un frontispice dessiné et gravé par BRACQUEMOND. 1 vol. gr. in-12. 2 fr.

L'Académie. — Le Siége de la Revue des Deux-Mondes. — La Bibliothèque. — Le Vaudeville du Crocodile. — Les Pastilles de Richelieu. — Les deux Dumas. — Les Fils. — Quatre hommes et un caporal. — La Police littéraire. — L'Enfer des gens de lettre. — La semaine d'un jeune Homme pauvre. — Le Duel. — La distribution des prix. — Mon Ennemi.

LA LORGNETTE LITTÉRAIRE, DICTIONNAIRE DES GRANDS ET DES PETITS AUTEURS DE MON TEMPS, 2e édition. 1 volume in-16. (Quelques exemp'aires.)   2 fr.

EUGÈNE NOEL

* LE RABELAIS DE POCHE, avec un dictionnaire pantagruélique tiré des œuvres de FRANÇOIS RABELAIS. 1 vol in-18.   3 fr.

ÉMILE OLIVIER

* DISCOURS PRONONCÉS AU CORPS LÉGISLATIF pendant la session de 1861, sur la liberté de la Presse, l'équilibre du Budget, la Révolution. In 8°.   50 c.

ALEXANDRE PEY

BELLE DE JOUR ET BELLE DE NUIT, roman imité de l'allemand, seconde édition. 1 vol. in-18.   2 fr.

ADALBERT PHILIS

Avocat à la Cour de Paris

CONFESSIONS D'UN PROTONOTAIRE APOSTOLIQUE, suivies de l'HISTOIRE D'UNE ANNEXION PONTIFICALE. — Extrait des Mémoires de Monsignor F. Liverani, prélat domestique et protonotaire du Saint-Siége. In-18.   1 fr. 50 c.

PIRON

* ŒUVRES INÉDITES DE PIRON, prose et vers accompagnées de Lettres également inédites adressées à Piron par Mesdemoiselles Quinault et de Bar, avec une introduction et des notes par HONORÉ BONHOMME. 1 vol. in-8° avec fac-simile.   6 fr.

La même édition, 1 vol. in-12 avec fac-simile   3 fr. 50 c.

LOUIS RAMBAUD

AMARA, poésies. In-18.   2 fr.

RAPETTI

QUELQUES MOTS SUR LES ORIGINES DES BONA-
PARTE, nouvelle édition, in-8°.   2 fr.

A.-R.-C. DE SAINT-ALBIN

* CHAMPIONNET, général des armées de la République
française, ou les campagnes de Hollande, de Rome et
de Naples, par A.-R.-C. DE SAINT-ALBIN, ancien secré-
taire général au ministère de la guerre sous le géné-
ral Bernadotte, depuis roi de Suède et de Norwége,
2ᵉ édition, augmentée de nombreuses pièces justifica-
tives, entre autres de lettres et rapports de Championnet,
Macdonald, Kellermann et Duhesme, sur les campagnes
de Rome et de Naples. 1 vol. gr. in-12.   3 fr.

SAINTE-BEUVE

De l'Académie française

* POÉSIES. — PREMIÈRE PARTIE : VIE, POÉSIES ET
PENSÉES DE JOSEPH DELORME, nouvelle édition
très-augmentée. 1 vol. in-8°.   5 fr.

AURÉLIEN SCHOLL

LA FOIRE AUX ARTISTES, petites comédies pari-
siennes. In-16. (Quelques exemplaires.)   2 fr.

NICOLAS SEMENOW

UN HOMME DE CŒUR. 2 vol. in-32.   2 fr. 50 c.

SMYERS

ESSAI SUR L'ÉTAT ACTUEL DE L'INDUSTRIE ARDOISIÈRE EN FRANCE ET EN ANGLETERRE, In-8°. 2 fr.

SWIFT

* OPUSCULES HUMORISTIQUES, traduits pour la première fois par LÉON DE WAILLY, 1 volume grand in-12. 3 fr.

Instructions aux domestiques. — Proposition pour l'encouragement de la poésie en Irlande. — Lettre à une très-jeune personne sur son mariage. — Traité de bonnes manières et de la bonne éducation. — Résolution pour l'époque où je deviendrai vieux. — Bévues, défectuosités, calamités et infortunes de Quilca. — Modeste proposition pour empêcher les enfants des pauvres en Irlande d'être à charge à leur pays. — Prédictions pour l'année 1708. — Dernières paroles d'Ebenezer Elliston au moment d'être exécuté. — Méditation sur un balai. — Irréfutable essai sur les facultés de l'âme. — Pensées sur divers sujets moraux et divertissants.

CH. VATEL

Avocat

DOSSIERS DU PROCÈS DE CHARLOTTE DE CORDAY devant le tribunal révolutionnaire, extraits des archives impériales, 1 vol. in-8° avec portrait et fac-simile. 7 fr. 50 c.

Sans portrait ni fac-simile. 4 fr.

ALEXANDRE WEILL

COURONNE, histoire juive, 1 vol. gr. in-12 2 fr.

BROCHURES

—

GARANTIES DONNÉES PAR LE ROI D'ITALIE POUR L'INDÉPENDANCE DU SAINT-SIÉGE. In-8°. 1 fr.

L'EMPEREUR NAPOLÉON ET LE ROI GUILLAUME, In-8°. 1 fr.

LA BANQUE DE FRANCE, LE CRÉDIT ET LA MON-NAIE, par P. JANNET. In-8°. 1 fr.

L'ORGANISATION DES TRAVAILLEURS PAR LES CORPORATIONS NOUVELLES (brochures ouvrières). In-18. 30 c.

L'ILE DE LA RÉUNION ET MADAGASCAR, par CRÉ-MAZY, avocat. In-8°. 1 fr.

—

MANUEL ÉLECTORAL

GUIDE PRATIQUE

POUR LES

ÉLECTIONS AU CORPS LÉGISLATIF

AUX CONSEILS GÉNÉRAUX

AUX CONSEILS D'ARRONDISSEMENT

ET AUX CONSEILS MUNICIPAUX

PAR

MM. J.-J. CLAMAGERAN, A. DRÉO, ÉMILE DURIER, JULES FERRY, CHARLES FLOQUET, ERNEST HAMEL, avocats à la Cour impériale de Paris, et F. HÉROLD, avocat au Conseil d'État et à la Cour de cassation

—

2e ÉDITION

—

50 CENTIMES

—

1871. — Abbeville, imp. R. Housse

www.ingramcontent.com/pod-product-compliance
Lightning Source LLC
Chambersburg PA
CBHW071945110426
42744CB00030B/396